Jean-Paul Sartre

Huis

Jean-Paul Sartre

Huis clos

Texte et documents

Présentés et annotés par
Monika Beutter, Werner Höfer
et Hans-Dieter Schwarzmann

Ernst Klett Sprachen
Stuttgart

Herausgegeben von Monika Beutter, Professorin
Werner Höfer, Studiendirektor
Hans-Dieter Schwarzmann, Studiendirektor

Tonträger:
2 Audio-CDs
ISBN 978-3-12-598401-1
Laufzeit ca. 97 Minuten

1. Auflage 1 4 3 2 1 | 2010 2009 2008

Alle Drucke dieser Auflage können im Unterricht nebeneinander benutzt werden. Die letzte Zahl bezeichnet das Jahr dieses Druckes.

Redaktion: Dr. Rita Erdle-Hähner und Christine Thibaut
Foto auf S. 4: dpa, Deutsche Presse-Agentur GmbH, Frankfurt a. M. Umschlag: shutterstock images / © Ramzi Hachicho
Druck: Gulde-Druck, Tübingen
Printed in Germany.

ISBN 978-3-12-598403-5

9 783125 984035

Table des matières

	Jean-Paul Sartre: Notes biographiques	7
Huis clos	Texte	9
	Comprendre et analyser	52
Textes complémentaires	Jean-Paul Sartre par lui-même	
	1. La situation de l'homme	57
	2. L'individu et les autres	57
	3. La «mauvaise foi»	58
	4. La «vie morte»	59
	5. La mort	60
	Exploitation	60
	Préface de Jean-Paul Sartre de 1965	62
	Jugements et études sur «Huis clos»	64
Appendice	La doctrine existentialiste	68

Jean-Paul Sartre: Notes biographiques

1905	Naissance à Paris.
1907	Mort de son père. Sa mère retourne vivre chez ses parents avec lui. Sartre passe son enfance entre «un vieillard et deux femmes». C'est l'enfant-modèle qui joue à tout moment le personnage que les adultes attendent de lui.
1916	Remariage de sa mère.
1917-1919	Lycée de la Rochelle.
1922	Baccalauréat au lycée Louis-le-Grand.
1924-1928	Ecole Normale Supérieure.
1929	Il rencontre Simone de Beauvoir. Ils préparent l'agrégation de philosophie ensemble. Sartre est reçu premier, Simone de Beauvoir deuxième. Sartre est nommé professeur de philosophie au lycée du Havre.
1933-1934	Boursier à l'Institut français de Berlin.
1934-1936	De nouveau, professeur au Havre. Expérience d'un ménage à trois avec Olga Korakiewicz et Simone de Beauvoir.
1939	Mobilisé.
1940	Fait prisonnier en Lorraine.
1941	Libéré grâce à de faux papiers, il rejoint la Résistance. De nouveau Professeur. Le mot «existentialisme» est lancé par le philosophe chrétien Gabriel Marcel.
1943	Publication de *«L'Être et le Néant»*.
1944	Création de *«Huis Clos»*. Il quitte l'enseignement.
1945	Il part pour les États-Unis comme envoyé spécial de *Combat*. *«L'Existentialisme est un humanisme»*, conférence où il définit les bases de sa philosophie.
1946	L'existentialisme devient une philosophie à la mode, Sartre devient célèbre. Dans les années suivantes, Sartre et Simone de Beauvoir voyagent dans le monde entier.

1948	*«Les Mains sales»*. Activité littéraire intense.
1950	Lecture systématique des œuvres de Marx. Dialogue permanent avec le parti communiste.
1956	Sartre condamne l'intervention soviétique en Hongrie; rupture avec le parti communiste. Il participe activement à la lutte contre le colonialisme (Indochine, Algérie, Vietnam).
1962	Nouveau voyage en U.R.S.S.
1963	*«Les Mots«*, autobiographie des sa jeunesse.
1964	Il refuse le prix Nobel de littérature pour des raisons personnelles et politiques.
1967	Président du tribunal Russel (chargé de juger les crimes de guerre du Vietnam). Sa production littéraire diminue.
1968	Il prend position en faveur du mouvement étudiant. Nouvelle période d'action militante: il soutient et protège de sa renommée diverses actions et publications «gauchistes». Il condamne l'entrée des troupes soviétiques en Tchécoslovaquie.
1970-1973	Diverses activités politiques. Rupture avec l'U.R.S.S.
1974	Sartre perd presque totalement la vue et ne peut plus écrire.
1980	15 avril, mort à Paris.

scène 1-4
→ l'exposition

HUIS CLOS

Pièce en un acte

Personnages: Inès, Estelle, Garcin, Le garçon d'étage

Scène Première

Garcin, Le Garçon

Un salon style Second Empire. Un bronze sur la cheminée.

GARCIN *(Il entre et regarde autour de lui.)*: Alors voilà.

LE GARÇON: Voilà.

GARCIN: C'est comme ça …

LE GARÇON: C'est comme ça.

GARCIN: Je … Je pense qu'à la longue on doit s'habituer aux meubles.

LE GARÇON: Ça dépend des personnes.

GARCIN: Est-ce que toutes les chambres sont pareilles?

LE GARÇON: Pensez-vous. Il nous vient des Chinois, des Hindous. Qu'est-ce que vous voulez qu'ils fassent d'un fauteuil second Empire?

GARCIN: Et moi, qu'est-ce que vous voulez que j'en fasse? Savez-vous qui j'étais? Bah! ça n'a aucune importance. Après tout, je vivais toujours dans des meubles que je n'aimais pas et des situations fausses; j'adorais ça. Une situation fausse dans une salle à manger Louis-Philippe, ça ne vous dit rien?

LE GARÇON: Vous verrez: dans un salon second Empire, ça n'est pas mal non plus.

GARCIN: Ah! bon. Bon, bon, bon. *(Il regarde autour de lui.)* Tout de même, je ne me serais pas attendu … Vous n'êtes pas sans savoir ce qu'on raconte là-bas?

LE GARÇON: Sur quoi?

1 **le Second Empire** 1852-1870 règne de l'empereur Napoléon III, neveu de Napoléon I – 1 **le bronze** *ici:* sculpture en bronze – 7 **à la longue** avec le temps – 17 **adorer qn/qc** aimer beaucoup qn/qc – 18 **Louis Philippe** roi des Français de 1830à 1848 (la Monarchie de Juillet) – 18 **le style Louis-Philippe** (Biedermeier)

GARCIN: Eh bien … *(avec un geste vague et large)* sur tout ça.

LE GARÇON: Comment pouvez-vous croire ces âneries? Des personnes qui n'ont jamais mis les pieds ici. Car enfin, si elles y étaient venues …

GARCIN: Oui.

Ils rient tous deux.

GARCIN *(redevenant sérieux tout à coup)*: Où sont les pals?

LE GARÇON: Quoi?

GARCIN: Les pals, les grils, les entonnoirs de cuir.

LE GARÇON: Vous voulez rire?

GARCIN *(le regardant)*: Ah? Ah bon. Non, je ne voulais pas rire. *(Un silence. Il se promène.)* Pas de glaces, pas de fenêtres, naturellement. Rien de fragile. *(Avec une violence subite:)* Et pourquoi m'a-t-on ôté ma brosse à dents?

LE GARÇON: Et voilà. Voilà la dignité humaine qui vous revient. C'est formidable.

GARCIN *(frappant sur le bras du fauteuil avec colère)*: Je vous prie de m'épargner vos familiarités. Je n'ignore rien de ma position, mais je ne supporterai pas que vous …

LE GARÇON: Là! là! Excusez-moi. Qu'est-ce que vous voulez, tous les clients posent la même question. Ils s'amènent: « Où sont les pals? » A ce moment-là, je vous jure qu'ils ne songent pas à faire leur toilette. Et puis, dès qu'on les a rassurés, voilà la brosse a dents. Mais, pour l'amour de Dieu, est-ce que vous ne pouvez pas réfléchir? Car enfin, je vous le demande, *pourquoi* vous brosseriez-vous les dents?

GARCIN *(calmé)*: Oui, en effet, pourquoi? *(Il regarde autour de lui)*. Et pourquoi se regarderait-on dans les glaces? Tandis que le bronze, à la bonne heure … J'imagine qu'il y a de certains moments où je regarderai de tous mes yeux. De tous mes yeux, hein? Allons, allons, il n'y a rien à cacher; je vous dis que je n'ignore rien de ma position. Voulez-vous que je vous raconte comment cela se passe? Le type suffoque, il s'enfonce, il se noie, seul son regard est hors de l'eau et qu'est-ce qu'il voit?

2 **une ânerie** [anri] une bêtise – 7 **le pal** instruments de torture (Pfahl) – 9 **le gril** [gri(l)] (Grill) – 9 **un entonnoir** (Trichter) – 9 **le cuir** peau de certains animaux préparée pour la fabrication de chaussures, de sacs etc. – 10 **Vous voulez rire?** Vous plaisantez? Vous vous moquez de moi? – 13 **fragile** ce qui se casse facilement – 13 **subit,e** brusque, ce qui arrive tout à coup – 14 **ôter** prendre, enlever – 18 **épargnez-moi vos familiarités** gardez pour vous vos familiarités – 19 **supporter** accepter, tolérer – 21 **s'amener** *fam* arriver, venir – 29 **à la bonne heure** voilà qui est bien – 33 **suffoquer** respirer avec difficulté – 33 **s'enfoncer** *par rapport à une surface:* aller vers le bas/vers le fond – 33 **se noyer** mourir dans l'eau

Un bronze de Barbedienne. Quel cauchemar! Allons, on vous a sans doute défendu de me répondre, je n'insiste pas. Mais rappelez-vous qu'on ne me prend pas au dépourvu, ne venez pas vous vanter de m'avoir surpris; je regarde la situation en face. *(Il reprend sa marche.)* Donc, pas de brosse à dents. Pas de lit non plus. Car on ne dort jamais, bien entendu?

LE GARÇON: Dame!

GARCIN: Je l'aurais parié. *Pourquoi* dormirait-on? Le sommeil vous prend derrière les oreilles. Vous sentez vos yeux qui se ferment, mais, pourquoi dormir? Vous vous allongez sur le canapé et pffft ... le sommeil s'envole. Il faut se frotter les yeux, se relever et tout recommence.

LE GARÇON: Que vous êtes romanesque!

GARCIN: Taisez-vous. Je ne crierai pas, je ne gémirai pas, mais je veux regarder la situation en face. Je ne veux pas qu'elle saute sur moi par-derrière, sans que j'aie pu la reconnaître. Romanesque? Alors c'est qu'on n'a même pas besoin de sommeil. Pourquoi dormir si on n'a pas sommeil? Parfait. Attendez ... Attendez: pourquoi est-ce pénible? Pourquoi est-ce forcément pénible? J'y suis: c'est la vie sans coupure.

LE GARÇON: Quelle coupure?

GARCIN *(l'imitant)*: Quelle coupure? *(Soupçonneux.)* Regardez-moi. J'en étais sûr! Voilà ce qui explique l'indiscrétion grossière et insoutenable de votre regard. Ma parole, elles sont atrophiées.

LE GARÇON: Mais de quoi parlez-vous?

GARCIN: De vos paupières. Nous, nous battions des paupières. Un clin d'œil, ça s'appelait. Un petit éclair noir, un rideau qui tombe et qui se relève: la coupure est faite. L'œil s'humecte, le monde s'anéantit. Vous ne pouvez pas savoir combien c'était rafraîchissant. Quatre mille repos dans une heure. Quatre mille petites évasions. Et quand je dis quatre mille ... Alors? Je vais vivre sans paupières? Ne faites pas l'imbécile. Sans paupières, sans sommeil, c'est tout un. Je ne dormirai plus ... Mais comment pourrai-je me supporter? Essayez de

1 **Barbedienne, Ferdinand de** sculpteur français (1810-1892) – 3 **prendre qn au dépourvu** surprendre qn – 4 **se vanter de faire qc** (angeben, prahlen) – 7 **dame** *ici:* bien sûr que non – 8 **parier** (wetten) *ici:* être sûr – 14 **gémir** faire entendre des plaintes d'une voix inarticulée – 19 **pénible** désagréable, épuisant et fatigant – 20 **la coupure** (Einschnitt) *ici:* l'interruption – 22 **soupçonneux,-se** méfiant – 24 **grossier,ière** qui manque de culture; *contr:* poli, correct – 24 **insoutenable** qu'on ne peut soutenir/supporter – 25 **atrophié,e** anormalement petit – 27 **la paupière** (Augenlid) – 29 **humecter qc** rendre qc humide, mouiller qc légèrement – 30 **anéantir qc** détruire qc – 33 **un imbécile** personne stupide

comprendre, faites un effort: je suis d'un caractère taquin, voyez-vous, et je … j'ai l'habitude de me taquiner. Mais je … je ne peux pas me taquiner sans répit: là-bas il y avait les nuits. Je dormais. J'avais le sommeil douillet. Par compensation. le me faisais faire des rêves simples. Il y avait une prairie … Une prairie, c'est tout. Je rêvais que je me promenais dedans. Fait-il jour?

Le Garçon: Vous voyez bien, les lampes sont allumées.

Garcin: Parbleu. C'est ça votre jour. Et dehors?

Le Garçon *(ahuri)*: Dehors?

Garcin: Dehors! de l'autre côté de ces murs?

Le Garçon: Il y a un couloir.

Garcin: Et au bout de ce couloir?

Le Garçon: Il y a d'autres chambres et d'autres couloirs et des escaliers.

Garcin: Et puis?

Le Garçon: C'est tout.

Garcin: Vous avez bien un jour de sortie. Où allez-vous?

Le Garçon: Chez mon oncle, qui est chef des garçons, au troisième étage.

Garcin: J'aurais dû m'en douter. Où est l'interrupteur?

Le Garçon: Il n'y en a pas.

Garcin: Alors? On ne peut pas éteindre?

Le Garçon: La direction peut couper le courant. Mais je ne me rappelle pas qu'elle l'ait fait à cet étage-ci. Nous avons l'électricité à discrétion.

Garcin: Très bien. Alors il faut vivre les yeux ouverts

Le Garçon *(ironique)*: Vivre

Garcin: Vous n'allez pas me chicaner pour une question de vocabulaire. Les yeux ouverts. Pour toujours. Il fera grand jour dans mes yeux. Et dans ma tête. *(Un temps.)* Et si je balançais le bronze sur la lampe électrique, est-ce qu'elle s'éteindrait?

Le Garçon: Il est trop lourd.

Garcin *(prend le bronze dans ses mains et essaie de le soulever)*: Vous avez raison. Il est trop lourd.

1 **taquin,e** qui aime beaucoup taquiner les autres – 2 **taquiner qn** ennuyer qn sans méchanceté –3 **sans répit** sans cesse, sans arrêt – 4 **douillet,-ette** doux, confortable, agréable – 9 **Parbleu!** *iron:* Ah vraiment! – 10 **ahuri,e** [ayʀi] étonné, stupéfait – 21 **un interrupteur** ((Licht-)Schalter) – 26 **à discrétion** autant qu'on en veut – 29 **chicaner qn** *ici:* contredire qn pour le plaisir – 31 **balancer** *fam* jeter

Un silence.

LE GARÇON: Eh bien, si vous n'avez plus besoin de moi, je vais vous laisser.

GARCIN *(sursautant)*: Vous vous en allez? Au revoir. *(Le garçon gagne la porte.)* Attendez. *(Le garçon se retourne.)* C'est une sonnette, là? *(Le garçon fait un signe affirmatif.)* Je peux vous sonner quand je veux et vous êtes obligé de venir?

LE GARÇON: En principe, oui. Mais elle est capricieuse. Il y a quelque chose de coincé dans le mécanisme.

Garcin va à la sonnette et appuie sur le bouton. Sonnerie.

GARCIN: Elle marche!

LE GARÇON *(étonné)*: Elle marche. *(Il sonne à son tour.)* Mais ne vous emballez pas, ça ne va pas durer. Allons, à votre service.

GARCIN *(fait un geste pour le retenir)*: Je …

LE GARÇON: Hé?

GARCIN: Non, rien *(Il va à la cheminée et prend le coupe-papier.)* Qu'est-ce que c'est que ça?

LE GARÇON: Vous voyez bien: un coupe-papier.

GARCIN: Il y a des livres, ici?

LE GARÇON: Non.

GARCIN: Alors à quoi sert-il? *(Le garçon hausse les épaules.)* C'est bon. Allez-vous-en.

Le garçon sort.

Scène 2

Garcin, (seul)

Garcin, seul. Il va au bronze et le flatte de la main. Il s'assied. Il se relève. Il va à la sonnette et appuie sur le bouton. La sonnette ne sonne pas. Il essaie deux ou

6 **la sonnette** (Klingel) – 8 **capricieux,-se** se dit de qn ou de qc dont le comportement change souvent d'une manière inexplicable – 9 **coincer** bloquer – 14 **s'emballer** *fam ici:* s'enthousiasmer trop vite – 22 **hausser les épaules** ['ose] les lever pour manifester son indifférence, son mécontentement, son ignorance – 25 **flatter** (un objet ou un animal) toucher légèrement de la main

trois fois. Mais en vain. Il va alors à la porte et tente de l'ouvrir. Elle résiste. Il appelle.

GARCIN: Garçon! Garçon!

Pas de réponse. Il fait pleuvoir une grêle de coups de poing sur la porte en appelant le garçon. Puis il se calme subitement et va se rasseoir. A ce moment la porte s'ouvre et Inès entre, suivie du garçon.

Scène 3

Garcin, Inès, Le Garçon

LE GARÇON *(à Garcin)*: *Vous* m'avez appelé?

Garcin va pour répondre, mais il jette un coup d'œil à Inès.

GARCIN: Non.

LE GARÇON *(se tournant vers Inès)*: Vous êtes chez vous, madame *(Silence d'Inès.)* Si vous avez des questions à me poser... *(Inès se tait.)*

LE GARÇON *(déçu)*: D'ordinaire les clients aiment à se renseigner ... Je n'insiste pas. D'ailleurs, pour la brosse à dents, la sonnette et le bronze de Barbedienne, monsieur est au courant et il vous répondra aussi bien que moi.

Il sort. Un silence. Garcin ne regarde pas Inès. Inès regarde autour d'elle, puis elle se dirige brusquement vers Garcin.

INÈS: Où est Florence? *(Silence de Garcin.)* Je vous demande où est Florence?

GARCIN: Je n'en sais rien.

INÈS: C'est tout ce que vous avez trouvé? La torture par l'absence? Eh bien, c'est manqué. Florence était une petite sotte et je ne la regrette pas.

GARCIN: Je vous demande pardon: pour qui me prenez-vous?

4 **la grêle** (Hagel) – 5 **le poing** [pwɛ̃] la main fermée – 9 **un coup d'œil** un regard bref – 17 **être au courant** être informé – 26 **manquer** ne pas réussir – 27 **un sot, une sotte** [so, sɔt] personne stupide – 27 **regretter qn** être triste que qn ne soit pas là

INÈS: Vous? Vous êtes le bourreau.

GARCIN *(sursaute et puis se met à rire)*: C'est une méprise tout à fait amusante. Le bourreau, vraiment? Vous êtes entrée, vous m'avez regardé et vous avez pensé: c'est le bourreau. Quelle extravagance! Le garçon est ridicule, il aurait dû nous présenter l'un à l'autre. Le bourreau! Je suis Joseph Garcin, publiciste et homme de lettres. La vérité, c'est que nous sommes logés à la même enseigne. Madame

INÈS *(sèchement)*: Inès Serrano. Mademoiselle.

GARCIN: Très bien. Parfait. Eh bien, la glace est rompue. Ainsi vous me trouvez la mine d'un bourreau? Et à quoi les reconnaît-on les bourreaux, s'il vous plaît?

INÈS: Ils ont l'air d'avoir peur.

GARCIN: Peur? C'est trop drôle. Et de qui? De leurs victimes?

INÈS: Allez? je sais ce que je dis. Je me suis regardée dans la glace.

GARCIN: Dans la glace? *(Il regarde autour de lui.)* C'est assommant: il sont ôté tout ce qui pouvait ressembler à une glace. *(Un temps.)* En tout cas, je puis vous affirmer que je n'ai pas peur. Je ne prends pas la situation à la légère et je suis très conscient de sa gravité. Mais je n'ai pas peur.

INÈS *(haussant les épaules)*: Ça vous regarde. *(Un temps.)* Est-ce qu'il vous arrive de temps en temps d'aller faire un tour dehors?

GARCIN: La porte est verrouillée.

INÈS: Tant pis.

GARCIN: Je comprends très bien que ma présence vous importune. Et personnellement, je préférerais rester seul: il faut que je mette ma vie en ordre et j'ai besoin de me recueillir. Mais je suis sûr que nous pourrons nous accommoder l'un de l'autre: je ne parle pas, je ne remue guère et je fais peu de bruit. Seulement, si je peux me permettre un conseil, il faudra conserver entre nous une extrême politesse. Ce sera notre meilleure défense.

INÈS: Je ne suis pas polie.

GARCIN: Je le serai donc pour deux.

1 **le bourreau** (Folterknecht, Henker) – 2 **sursauter** (hochfahren) – 2 **la méprise** *litt* l'erreur, la confusion – 5 **une extravagance** *ici:* absurdité – 7 **un homme de lettres** un écrivain – 8 **être logé à la même enseigne** être dans une même situation désagréable – 18 **assommant,e** *fam* ennuyeux, embêtant *(fam)* – 21 **la gravité** *ici:* l'importance – 22 **ça vous regarde** *fam* c'est votre affaire – 25 **verrouiller** (verriegeln) – 28 **importuner qn** déranger/gêner qn – 29 **se recueillir** se concentrer sur soi-même, méditer – 30 **s'accommoder de qn** vivre en bon accord avec qn; s'arranger – 31 **remuer** bouger, faire des mouvements

Un silence. Garcin est assis sur le canapé, Inès se promène de long en large.

INÈS *(le regardant)*: Votre bouche.

GARCIN *(tiré de son rêve)*: Plaît-il?

INÈS: Vous ne pourriez pas arrêter votre bouche? Elle tourne comme une toupie sous votre nez.

GARCIN: Je vous demande pardon: je ne m'en rendais pas compte.

INÈS: C'est ce que je vous reproche. *(Tic de Garcin.)* Encore! Vous prétendez être poli et vous laissez votre visage à l'abandon. Vous n'êtes pas seul et vous n'avez pas le droit de m'infliger le spectacle de votre peur. Garcin se lève et va vers elle.

GARCIN: Vous n'avez pas peur, vous?

INÈS: Pour quoi faire? La peur, c'était bon avant, quand nous gardions de l'espoir.

GARCIN *(doucement)*: Il n'y a plus d'espoir, mais nous sommes toujours avant. Nous n'avons pas commencé de souffrir, mademoiselle.

INÈS: Je sais. *(Un temps.)* Alors? Qu'est-ce qui va venir?

GARCIN: Je ne sais pas. J'attends.

Un silence, Garcin va se rasseoir. Inès reprend sa marche. Garcin a un tic de la bouche, puis, après un regard à Inès, il enfouit son visage dans ses mains. Entrent Estelle et le garçon.

Scène 4

Inès, Garcin, Estelle, Le Garçon

Estelle regarde Garcin, qui n'a pas levé la tête.

ESTELLE *(à Garcin)*: Non! Non, non, ne relève pas la tête. Je sais ce que tu caches avec tes mains, je sais que tu n'as plus de visage. *(Garcin retire ses mains.)* Ha! *(Un temps. Avec surprise:)* Je ne vous connais pas.

6 **la toupie** (Kreisel) – 10 **à l'abandon** *ici:* sans contrôle/surveillance – 11 **infliger qc à qn** faire subir quelque chose de pénible à qn – 23 **enfouir** *ici:* cacher

Garcin: Je ne suis pas le bourreau, madame.

Estelle: Je ne vous prenais pas pour le bourreau. Je … J'ai cru que quelqu'un voulait me faire une farce. *(Au garçon:)* Qui attendez-vous encore?

Le Garçon: Il ne viendra plus personne.

Estelle *(soulagée)*: Ah! Alors nous allons rester tout seuls, monsieur, madame et moi?

Elle se met à rire.

Garcin *(sèchement)*: Il n'y a pas de quoi rire.

Estelle *(riant toujours)*: Mais ces canapés sont si laids. Et voyez comme on les a disposés, il me semble que c'est le premier de l'an et que je suis en visite chez ma tante Marie. Chacun a le sien, je suppose. Celui-ci est à moi? *(Au garçon:)* Mais je ne pourrai jamais m'asseoir dessus, c'est une catastrophe: je suis en bleu clair et il est vert épinard.

trägt hellblau nicht auf grünes sofa

Inès: Voulez-vous le mien?

Estelle: Le canapé bordeaux? Vous êtes trop gentille, mais ça ne vaudrait guère mieux. Non, qu'est-ce que vous voulez? Chacun son lot: j'ai le vert, je le garde. *(Un temps.)* Le seul qui conviendrait à la rigueur, c'est celui de monsieur.

Un silence.

Inès: Vous entendez, Garcin?

Garcin *(sursautant)*: Le … canapé. Oh! pardon. *(Il se lève.)* Il est à vous, madame.

Estelle: Merci. *(Elle ôte son manteau et le jette, sur le canapé. Un temps.)* Faisons connaissance puisque nous devons habiter ensemble. Je suis Estelle Rigault.

Garcin s'incline et va se nommer, mais Inès passe devant lui.

Inès: Inès Serrano. Je suis très heureuse.

Garcin s'incline à nouveau.

Garcin: Joseph Garcin.

Le Garçon: Avez-vous encore besoin de moi?

Estelle: Non, allez. Je vous sonnerai.

3 **faire une farce à qn** jouer un (mauvais) tour à qn – 6 **être soulagé,e** être débarrassé d'un souci/d'un problème – 15 **les épinards** *m* un légume (Spinat) – 19 **le lot** [lo] le destin, le sort – 20 **convenir à qn** aller bien, plaire à qn – 20 **à la rigueur** s'il le faut absolument, éventuellement – 28 **se nommer** se présenter à qn

Le garçon s'incline et sort.

Scène 5

Inès, Garcin, Estelle

INÈS: Vous êtes très belle. Je voudrais avoir des fleurs pour vous souhaiter la bienvenue.

ESTELLE: Des fleurs? Oui. J'aimais beaucoup les fleurs. Elles se faneraient ici: il fait trop chaud. Bah! L'essentiel, n'est-ce pas, c'est de conserver la bonne humeur. Vous êtes …

INÈS: Oui, la semaine dernière. Et vous?

ESTELLE: Moi? Hier. La cérémonie n'est pas achevée. *(Elle parle avec beaucoup de naturel, mais comme si elle voyait ce qu'elle décrit.)* Le vent dérange le voile de ma sœur. Elle fait ce qu'elle peut pour pleurer. Allons! allons! encore un effort. Voilà! Deux larmes, deux petites larmes qui brillent sous le crêpe. Olga Jardet est très laide ce matin. Elle soutient ma sœur par le bras. Elle ne pleure pas à cause du rimmel et je dois dire qu'à sa place … C'était ma meilleure amie.

INÈS: Vous avez beaucoup souffert?

ESTELLE: Non. J'étais plutôt abrutie.

INÈS: Qu'est-ce que …?

ESTELLE: Une pneumonie. *(Même jeu que précédemment.)* Eh bien, ça y est, ils s'en vont. Bonjour! Bonjour! Que de poignées de main. Mon mari est malade de chagrin, il est resté à la maison. *(À Inès:)* Et vous?

INÈS: Le gaz.

ESTELLE: Et vous, monsieur?

GARCIN: Douze balles dans la peau. *(Geste d'Estelle.)* Excusez-moi, je ne suis pas un mort de bonne compagnie.

ESTELLE: Oh! cher monsieur, si seulement vous vouliez bien ne pas user de mots si crus. C'est … c'est choquant. Et finalement, qu'est-ce que ça veut dire? Peut-être n'avons-

5 **se faner** *pour des fleurs:* sécher et mourir – 10 **le voile** morceau d'étoffe plus ou moins transparent qui cache le visage – 12 **le crêpe** (Trauerflor) – 14 **le rimmel** (Wimperntusche) – 17 **abruti,e** *ici:* assommé (betäubt, benommen) – 19 **la pneumonie** une maladie (Lungenentzündung) – 20 **la poignée de main** geste de serrer la main à qn amicalement – 21 **avoir du chagrin** être triste, avoir de la peine – 28 **user de qc** utiliser qc – 28 **cru,e** *ici:* brutal, grossier

nous jamais été si vivants. S'il faut absolument nommer cet… état de choses, je propose qu'on nous appelle des absents, ce sera plus correct. Vous êtes absent depuis longtemps?

GARCIN: Depuis un mois, environ.

ESTELLE: D'où êtes-vous?

GARCIN: De Rio.

ESTELLE: Moi, de Paris. Vous avez encore quelqu'un là-bas?

GARCIN: Ma femme. *(Même jeu qu'Estelle.)* Elle est venue à la caserne comme tous les jours; on ne l'a pas laissée entrer. Elle regarde entre les barreaux de la grille. Elle ne sait pas encore que je suis absent, mais elle s'en doute. Elle s'en va, à présent. Elle est toute noire. Tant mieux, elle n'aura pas besoin de se changer. Elle ne pleure pas; elle ne pleurait jamais. Il fait un beau soleil et elle est toute noire dans la rue déserte, avec ses grands yeux de victime. Ah! elle m'agace.

Un silence. Garcin va s'asseoir sur le canapé du milieu et se met la tête dans les mains.

INÈS: Estelle!

ESTELLE: Monsieur, monsieur Garcin!

GARCIN: Plaît-il?

ESTELLE: Vous êtes assis sur mon canapé.

GARCIN: Pardon.

Il se lève.

ESTELLE: Vous aviez l'air si absorbé.

GARCIN: Je mets ma vie en ordre. *(Inès se met à rire.)* Ceux qui rient feraient aussi bien de m'imiter.

INÈS: Elle est en ordre, ma vie. Tout à fait en ordre. Elle s'est mise en ordre d'elle-même, là-bas, je n'ai pas besoin de m'en préoccuper.

GARCIN: Vraiment? Et vous croyez que c'est si simple! *(Il se passe la main sur le front.)* Quelle chaleur! Vous permettez?

Il va pour ôter son veston.

ESTELLE: Ah non! *(Plus doucement:)* Non. J'ai horreur des hommes en bras de chemise.

GARCIN *(remettant sa veste)*: C'est bon. *(Un temps.)* Moi, je passais mes nuits dans les salles de rédaction. Il y faisait

15 **agacer qn** énerver qn, embêter qn *(fam)* – 20 **Plaît-il?** *litt* Pardon, que dites-vous? – 29 **se préoccuper de qc** s'inquiéter de qc

toujours une chaleur de cloporte. *(Un temps. Même jeu que précédemment.)* Il y *fait* une chaleur de cloporte. C'est la nuit.

ESTELLE: Tiens, oui, c'est déjà la nuit. Olga se déshabille. Comme le temps passe vite, sur terre.

INÈS: C'est la nuit. Ils ont mis les scellés sur la porte de ma chambre. Et la chambre est vide dans le noir.

GARCIN: Ils ont posé leurs vestons sur le dos de leurs chaises et roulé les manches de leurs chemises au-dessus de leurs coudes. Ça sent l'homme et le cigare. *(Un silence.)* J'aimais vivre au milieu d'hommes en bras de chemise.

ESTELLE *(sèchement)*: Eh bien, nous n'avons pas les mêmes goûts. Voilà ce que ça prouve. *(Vers Inès:)* Vous aimez ça, vous, les hommes en chemise?

INÈS: En chemise ou non, je n'aime pas beaucoup les hommes.

ESTELLE *(les regarde tous deux avec stupeur)*: Mais pourquoi, *pourquoi* nous a-t-on réunis?

INÈS *(avec un éclat étouffé)*: Qu'est-ce que vous dites?

ESTELLE: Je vous regarde tous deux et je pense que nous allons demeurer ensemble ... Je m'attendais à retrouver des amis, de la famille.

INÈS: Un excellent ami avec un trou au milieu de la figure.

ESTELLE: Celui-là aussi. Il dansait le tango comme un professionnel. Mais nous, nous, pourquoi nous a-t-on réunis?

GARCIN: Eh bien, c'est le hasard. Ils casent les gens où ils peuvent, dans l'ordre de leur arrivée. *(À Inès:)* Pourquoi riez-vous?

INÈS: Parce que vous m'amusez avec votre hasard. Avez-vous tellement besoin de vous rassurer? Ils ne laissent rien au hasard.

ESTELLE *(timidement)*: Mais nous nous sommes peut-être rencontrés autrefois?

INÈS: Jamais. Je ne vous aurais pas oubliée.

ESTELLE: Ou alors, c'est que nous avons des relations communes? Vous ne connaissez pas les Dubois-Seymour?

INÈS: Ça m'étonnerait.

ESTELLE: Ils reçoivent le monde entier.

INÈS: Qu'est-ce qu'ils font?

1 **une chaleur de cloporte** *fam* une très grande chaleur (Bruthitze) – 6 **les scellés** *m* (Siegel) – 10 **le coude** (Ellbogen) – 16 **la stupeur** étonnement profond – 18 **étouffer** (ersticken); *ici:* retenir – 26 **caser qn** *fam* placer/loger qn – 36 **Dubois-Seymour** nom évoquant la haute bourgeoisie

Estelle *(surprise)*: Ils ne font rien. Ils ont un château en Corrèze et …

Inès: Moi, j'étais employée des Postes.

Estelle *(avec un petit recul)*: Ah! Alors en effet? … *(Un temps.)* Et vous, monsieur Garcin?

Garcin: Je n'ai jamais quitté Rio.

Estelle: En ce cas vous avez parfaitement raison: c'est le hasard qui nous a réunis.

Inès: Le hasard. Alors ces meubles sont là par hasard. C'est par hasard si le canapé de droite est vert épinard et si le canapé de gauche est bordeaux. Un hasard, n'est-ce pas? Eh bien, essayez donc de les changer de place et vous m'en direz des nouvelles. Et le bronze, c'est un hasard aussi? Et cette chaleur? Et cette chaleur? *(Un silence.)* Je vous dis qu'ils ont tout réglé. Jusque dans les moindres détails, avec amour. Cette chambre nous attendait.

Estelle: Mais comment voulez-vous? Tout est si laid, si dur, si anguleux. Je détestais les angles.

Inès *(haussant les épaules)*: Croyez-vous que je vivais dans un salon second Empire?

Un temps.

Estelle: Alors tout est prévu?

Inès: Tout. Et nous sommes assortis.

Estelle: Ce n'est pas par hasard que vous, vous êtes en face de moi? *(Un temps.)* Qu'est-ce qu'ils attendent?

Inès: Je ne sais pas. Mais ils attendent.

Estelle: Je ne peux pas supporter qu'on attende quelque chose de moi. Ça me donne tout de suite envie de faire le contraire.

Inès: Eh bien, faites-le! Faites-le donc! Vous ne savez même pas ce qu'ils veulent.

Estelle *(frappant du pied)*: C'est insupportable. Et quelque chose doit m'arriver par vous deux? *(Elle les regarde.)* Par vous deux. Il y avait des visages qui me parlaient tout de suite. Et les vôtres ne me disent rien.

Garcin *(brusquement à Inès)*: Allons, pourquoi sommes-nous ensemble? Vous en avez trop dit: allez jusqu'au bout.

Inès *(étonnée)*: Mais je n'en sais absolument rien.

Garcin: Il *faut* le savoir.

12 **Vous m'en direz des nouvelles** *fam* Vous verrez que ce n'est pas si facile/que j'ai raison. – 18 **un angle** deux lignes qui se coupent forment un angle – 18 **anguleux,-euse** ce qui a des angles; *contr:* rond – 23 **assorti,e** qui va bien ensemble – 36 **jusqu'au bout** jusqu'à la fin

Il réfléchit un moment.

INÈS: Si seulement chacun de nous avait le courage de dire…

GARCIN: Quoi?

INÈS: Estelle!

ESTELLE: Plaît-il?

INÈS: Qu'avez-vous fait? Pourquoi vous ont-ils envoyée ici?

ESTELLE *(vivement)*: Mais je ne sais pas, je ne sais pas du tout! Je me demande même si ce n'est pas une erreur. *(À Inès:)* Ne souriez pas. Pensez à la quantité de gens qui … qui s'absentent chaque jour. Ils viennent ici par milliers et n'ont affaire qu'à des subalternes, qu'à des employés sans instruction. Comment voulez-vous qu'il n'y ait pas d'erreur. Mais ne souriez pas. *(À Garcin:)* Et vous, dites quelque chose. S'ils se sont trompés dans mon cas, ils ont pu se tromper dans le vôtre. *(À Inès:)* Et dans le vôtre aussi. Est-ce qu'il ne vaut pas mieux croire que nous sommes là par erreur?

INÈS: C'est tout ce que vous avez à nous dire?

ESTELLE: Que voulez-vous savoir de plus? Je n'ai rien à cacher. J'étais orpheline et pauvre, j'élevais mon frère cadet. Un vieil ami de mon père m'a demandé ma main. Il était riche et bon, j'ai accepté. Qu'auriez-vous fait à ma place? Mon frère était malade et sa santé réclamait les plus grands soins. J'ai vécu six ans avec mon mari sans un nuage. Il y a deux ans, j'ai rencontré celui que je devais aimer. Nous nous sommes reconnus tout de suite, il voulait que je parte avec lui et j'ai refusé. Après cela, j'ai eu ma pneumonie. C'est tout. Peut-être qu'on pourrait, au nom de certains principes, me reprocher d'avoir sacrifié ma jeunesse à un vieillard. *(À Garcin:)* Croyez-vous que de soit une faute?

GARCIN: Certainement non. *(Un temps.)* Et vous, trouvez-vous que ce soit une faute de vivre selon ses principes?

ESTELLE: Qui est-ce qui pourrait vous le reprocher?

GARCIN: Je dirigeais un journal pacifiste. La guerre éclate. Que faire? Ils avaient tous les yeux fixés sur moi. « Osera-t-il? » Et bien, j'ai osé. Je me suis croisé les bras et ils m'ont fusillé. Où est la faute? Où est la faute?

11 **le subalterne** personne qui occupe un rang inférieur/qui est dans une position subordonnée – 11 **l'instruction** *f* les connaissances, la culture personnelle – 19 **un(e) orphelin(e)** [-lɛ̃, -lin] enfant qui a perdu ses parents ou l'un des deux – 22 **réclamer qc** exiger/demander qc – 34 **oser faire qc** avoir le courage de faire qc – 35 **se croiser les bras** ne rien faire; *ici:* ne pas partir en guerre – 35 **fusiller** [fyzije] exécuter (erschießen)

Estelle *(lui pose la main sur le bras)*: *Il* n'y a pas de faute. Vous êtes …

Inès *(achève ironiquement)*: Un Héros. Et votre femme, Garcin?

Garcin: Eh bien, quoi? Je l'ai tirée du ruisseau.

Estelle *(à Inès)*: Vous voyez! vous voyez!

Inès: Je vois. *(Un temps.)* Pour qui jouez-vous la comédie? Nous sommes entre nous.

Estelle *(avec insolence)*: Entre nous?

Inès: Entre assassins. Nous sommes en enfer, ma petite, il n'y a jamais d'erreur et on ne damne jamais les gens pour rien.

Estelle: Taisez-vous.

Inès: En enfer! Damnés! Damnés!

Estelle: Taisez-vous. Voulez-vous vous taire? Je vous défends d'employer des mots grossiers.

Inès: Damnée, la petite sainte. Damné, le héros sans reproche. Nous avons eu notre heure de plaisir, n'est-ce pas? Il y a des gens qui ont souffert pour nous jusqu'à la mort et cela nous amusait beaucoup. A présent, il faut payer.

Garcin *(la main levée)*: Est-ce que vous vous tairez?

Inès *(le regarde sans peur, mais avec une immense surprise)*: Ha! *(Un temps.)* Attendez! J'ai compris, je sais pourquoi ils nous ont mis ensemble.

Garcin: Prenez garde à ce que vous allez dire.

Inès: Vous allez voir comme c'est bête. Bête comme chou! Il n'y a pas de torture physique, n'est-ce pas? Et cependant, nous sommes en enfer. Et personne ne doit venir. Personne. Nous resterons jusqu'au bout seuls ensemble. C'est bien ça? En somme, il y a quelqu'un qui manque ici: c'est le bourreau.

Garcin *(à mi-voix)*: Je le sais bien.

Inès: Eh bien, ils ont réalisé une économie de personnel. Voilà tout. Ce sont les clients qui font le service eux-mêmes, comme dans les restaurants coopératifs.

Estelle: Qu'est-ce que vous voulez dire?

Inès: Le bourreau, c'est chacun de nous pour les deux autres.

3 **le héros** ['ero] (Held) – 5 **le ruisseau** *ici:* eau qui coule le long des trottoirs pour se jeter dans les égouts – 5 **tirer qn du ruisseau** aider qn à sortir de la misère – 9 **l'insolence** *f* manque de respect, arrogance – 10 **un assassin** un meurtrier – 11 **damner qn** [dane] condamner qn aux peines de l'enfer – 25 **bête comme chou** *fam* très simple, enfantin – 33 **un restaurant coopératif** *vieilli:* self-service

Un temps. Ils digèrent la nouvelle.

GARCIN *(d'une voix douce)*: Je ne serai pas votre bourreau. Je ne vous veux aucun mal et je n'ai rien à faire avec vous. Rien. C'est tout à fait simple. Alors voilà: chacun dans son coin; c'est la parade. Vous ici, vous ici, moi là. Et du silence. Pas un mot: ce n'est pas difficile, n'est-ce pas? Chacun de nous a assez à faire avec lui-même. Je crois que je pourrais rester dix mille ans sans parler.

ESTELLE: Il faut que je me taise?

GARCIN: Oui. Et nous … nous serons sauvés. Se taire. Regarder en soi, ne jamais lever la tête. C'est d'accord?

INÈS: D'accord.

ESTELLE *(après hésitation)*: D'accord.

GARCIN: Alors, adieu.

Il va à son canapé et se met la tête dans ses mains. Silence. Inès se met à chanter pour elle seule:

Dans la rue des Blancs-Manteaux
Ils ont élevé des tréteaux
Et mis du son dans un seau
Et c'était un échafaud
Dans la rue des Blancs-Manteaux

Dans la rue des Blancs-Manteaux
Le bourreau s'est levé tôt.
C'est qu'il avait du boulot
Faut qu'il coupe des Généraux
Des Évêques, des Amiraux
Dans la rue des Blancs-Manteaux

Dans la rue des Blancs-Manteaux
Sont v'nues des dames comme il faut
Avec de beaux affûtiaux

Mais la tête f'sait défaut

1 **digérer** (verdauen) – 17 **les Blancs-Manteaux** moines appartenant à l'ordre des Servites (Serviten), fondé en 1258 – 18 **le tréteau** (Gestell, Bock, Gerüst) – 18 **les tréteaux** *litt* théâtre de foire – 19 **le son** (Kleie) – 19 **le seau** (Eimer) – 20 **un échafaud** plate-forme surélevée où on exécutait les condamnés à mort (Schafott) – 24 **le boulot** *fam* le travail – 26 **un évêque** homme d'Église chargé de la direction d'un diocèse (Bischof) – 26 **un amiral** *marine militaire:* Officier du grade le plus élevé – 30 **les affûtiaux** [-tjo] *m fam* (Tand, Krempel) – 31 **faire défaut à qn** manquer à qn

Elle avait roulé de son haut
La tête avec le chapeau
Dans le ruisseau des Blancs-Manteaux.

Pendant ce temps-là, Estelle se remet de la poudre et du rouge. Elle cherche une glace autour d'elle d'un air inquiet. Elle fouille dans son sac et puis elle se tourne vers Garcin.

ESTELLE: Monsieur, avez-vous un miroir? *(Garcin ne répond pas.)* Un miroir, une glace de poche, n'importe quoi? *(Garcin ne répond pas.)* Si vous me laissez toute seule, procurez-moi au moins une glace.

Garcin demeure la tête dans ses mains, sans répondre.

INÈS *(avec empressement)*: Moi, j'ai une glace dans mon sac. *(Elle fouille dans son sac. Avec dépit:)* Je ne l'ai plus. Ils ont dû me l'ôter au greffe.

ESTELLE: Comme c'est ennuyeux.

Un temps. Elle ferme les yeux et chancelle, Inès se précipite et la soutient.

INÈS: Qu'est-ce que vous avez?

ESTELLE *(rouvre les yeux et sourit)*: Je me sens drôle. *(Elle se tâte.)* Ça ne vous fait pas cet effet-là, à vous: quand je ne me vois pas, j'ai beau me tâter, je me demande si j'existe pour de vrai.

INÈS: Vous avez de la chance. Moi, je me sens toujours de l'intérieur.

ESTELLE: Ah! oui, de l'intérieur ...Tout ce qui se passe dans les têtes est si vague, ça m'endort. *(Un temps.)* Il y a six grandes glaces dans ma chambre à coucher. Je les vois. Je les vois. Mais elles ne me voient pas. Elles reflètent la causeuse, le tapis, la fenêtre ... comme c'est vide, une glace où je ne suis pas. Quand je parlais, je m'arrangeais pour qu'il y en ait une où je puisse me regarder. Je parlais, je me voyais parler. Je me voyais comme les gens me voyaient, ça me tenait éveillée. *(Avec*

5 **le rouge** *ici:* rouge à lèvres (Lippenstift) – 6 **fouiller dans qc** *ici:* chercher dans qc – 13 **avec empressement** vite – 14 **avec dépit** vexé – 15 **le greffe** *ici:* dans une prison endroit où sont déposés les objets personnels des prisonniers auxquels ils n'ont pas droit – 17 **chanceler** perdre l'équilibre – 22 **avoir beau faire qc** s'efforcer vainement de faire qc – 29 **la causeuse** sofa où peuvent s'asseoir deux personnes

désespoir:) Mon rouge! Je suis sûre que je l'ai mis de travers. Je ne peux pourtant pas rester sans glace toute l'éternité.

INÈS: Voulez-vous que je vous serve de miroir? Venez, je vous invite chez moi. Asseyez-vous sur mon canapé.

ESTELLE *(indique Garcin)*: Mais …

INÈS: Ne nous occupons pas de lui.

ESTELLE: Nous allons nous faire du mal: c'est vous qui l'avez dit.

INÈS: Est-ce que j'ai l'air de vouloir vous nuire?

ESTELLE: On ne sait jamais …

INÈS: C'est toi qui me feras du mal. Mais qu'est-ce que ça peut faire? Puisqu'il faut souffrir, autant que ce soit par toi. Assieds-toi. Approche-toi. Encore. Regarde dans mes yeux: est-ce que tu t'y vois?

ESTELLE: Je suis toute petite. Je me vois très mal.

INÈS: Je te vois, moi. Tout entière. Pose-moi des questions. Aucun miroir ne sera plus fidèle.

Estelle, gênée, se tourne vers Garcin comme pour l'appeler à l'aide.

ESTELLE: Monsieur! Monsieur! Nous ne vous ennuyons pas par notre bavardage?

Garcin ne répond pas.

INÈS: Laisse-le, il ne compte plus; nous sommes seules. Interroge-moi.

ESTELLE: Est-ce que j'ai bien mis mon rouge à lèvres?

INÈS: Fais voir. Pas trop bien.

ESTELLE: Je m'en doutais. Heureusement que *(elle jette un coup d'œil à Garcin)* personne ne m'a vue. Je recommence.

INÈS: C'est mieux. Non. Suis le dessin des lèvres; je vais te guider. Là, là. C'est bien.

ESTELLE: Aussi bien que tout à l'heure, quand je suis entrée?

INÈS: C'est mieux; plus lourd, plus cruel. Ta bouche d'enfer.

ESTELLE: Hum! Et c'est bien? Que c'est agaçant, je ne peux plus juger par moi-même. Vous me jurez que c'est bien?

INÈS: Tu ne veux pas qu'on se tutoie?

2 **l'éternité** durée qui n'a ni commencement ni fin; – 2 **toute l'éternité** pour toujours – 9 **nuire à qn** faire du mal/du tort à qn – 12 **autant que ce soit par toi** il vaut mieux que ce soit par toi – 21 **le bavardage** conversation superficielle/peu sérieuse – 27 **se douter de qc** avoir une certaine idée/un certain sentiment de qc qui n'est pas encore arrivé, s'attendre à qc – 29 **le dessin** *ici:* la ligne – 35 **tutoyer qn** dire tu à qn; *contr:* vouvoyer (dire vous)

ESTELLE: Tu me jures que c'est bien?

INÈS: Tu es belle.

ESTELLE: Mais vous avez du goût? Avez-vous mon goût? Que c'est agaçant, que c'est agaçant.

INÈS: J'ai ton goût, puisque tu me plais. Regarde-moi bien. Souris-moi. Je ne suis pas laide non plus. Est-ce que je ne vaux pas mieux qu'un miroir?

ESTELLE: Je ne sais pas. Vous m'intimidez. Mon image dans les glaces était apprivoisée. Je la connaissais si bien ... Je vais sourire: mon sourire ira au fond de vos prunelles et Dieu sait ce qu'il va devenir.

INÈS: Et qui t'empêche de m'apprivoiser? *(Elles se regardent. Estelle sourit, un peu fascinée.)* Tu ne veux décidément pas me tutoyer?

ESTELLE: J'ai de la peine à tutoyer les femmes.

INÈS: Et particulièrement les employées des postes, je suppose? Qu'est-ce que tu as là, au bas de la joue? Une plaque rouge?

ESTELLE *(sursautant)*: Une plaque rouge, quelle horreur! Où ça?

INÈS: Là! là! Je suis le miroir aux alouettes; ma petite alouette, je te tiens! Il n'y a pas de rougeur. Pas la moindre. Hein? Si le miroir se mettait à mentir? Ou si je fermais les yeux, si je refusais de te regarder, que ferais-tu de toute cette beauté? N'aie pas peur: il faut que je te regarde, mes yeux resteront grands ouverts. Et je serais gentille, tout à fait gentille. Mais tu me diras: tu.

Un temps.

ESTELLE: Je te plais?

INÈS: Beaucoup!

Un temps.

ESTELLE *(désignant Garcin d'un coup de tête)*: Je voudrais qu'il me regarde aussi.

INÈS: Ha! parce que c'est un homme. *(A Garcin:)* Vous avez gagné. *(Garcin ne répond pas.)* Mais regardez-la donc! *(Garcin*

8 **intimider qn** faire peur à qn, lui faire perdre son assurance – 9 **apprivoiser** (un animal) (le) rendre moins sauvage, (en) faire un animal domestique – 10 **la prunelle** la pupille de l'œil – 17 **la joue** la partie du visage entre la bouche et l'oreille – 17 **la plaque** *ici:* la tache – 20 **une alouette** (Lerche) – 20 **le miroir aux alouettes** instrument fait de petits miroirs qui sert à attirer les alouettes; *ici:* ce qui trompe/fascine

ne répond pas.) Ne jouez pas cette comédie; vous n'avez pas perdu un mot de ce que nous disions.

GARCIN *(levant brusquement la tête)*: *Vous* pouvez le dire, pas un mot: j'avais beau m'enfoncer les doigts dans les oreilles, vous me bavardiez dans la tête. Allez-vous me laisser, à présent? Je n'ai pas affaire à vous.

INÈS: Et à la petite, avez-vous affaire? J'ai vu votre manège: c'est pour l'intéresser que vous avez pris vos grands airs.

GARCIN: Je vous dis de me laisser. Il y a quelqu'un qui parle de moi au journal et je voudrais écouter. Je me moque de la petite, si cela peut vous tranquilliser.

ESTELLE: Merci.

GARCIN: Je ne voulais pas être grossier …

ESTELLE: Mufle!

Un temps. Ils sont debout, les uns en face des autres.

GARCIN: Et voilà! *(Un temps.)* Je vous avais suppliées de vous taire.

ESTELLE: C'est elle qui a commencé. Elle est venue m'offrir son miroir et je ne lui demandais rien.

INÈS: Rien. Seulement tu te frottais contre lui et tu faisais des mines pour qu'il te regarde.

ESTELLE: Et après?

GARCIN: Êtes-vous folles? Vous ne voyez donc pas où nous allons. Mais taisez-vous! *(Un temps.)* Nous allons nous rasseoir bien tranquillement, nous fermerons les yeux et chacun tâchera d'oublier la présence des autres.

Un temps, il se rassied. Elles vont à leur place d'un pas hésitant. Inès se retourne brusquement.

INÈS: Ah! oublier. Quel enfantillage! Je vous sens jusque dans mes os. Votre silence me crie dans les oreilles. Vous pouvez vous clouer la bouche, vous pouvez vous couper la langue, est-ce que vous vous empêcherez d'exister? Arrêterez-vous votre pensée? Je l'entends, elle fait tic tac, comme un réveil, et je sais que vous entendez la mienne. Vous avez beau vous rencogner sur votre canapé, vous êtes partout, les

7 **le manège** *ici:* une intrigue, la manœuvre – 8 **prendre ses grands airs** *ici:* faire l'important, vouloir impressionner les autres – 14 **le mufle** *ici:* individu grossier/vulgaire – 16 **supplier qn de faire qc** prier qn instamment de faire qc – 29 **l'enfantillage** *m en parlant d'un adulte:* manière d'agir et de s'exprimer qui ne convient qu'à un enfant – 31 **le clou** (Nagel) – 31 **clouer la bouche à qn** *fam* le faire taire – 35 **se rencogner** (sich verkriechen)

sons m'arrivent souillés parce que vous les avez entendus au passage. Vous m'avez volé jusqu'à mon visage: vous le connaissez et je ne le connais pas. Et elle? elle? vous me l'avez volée: si nous étions seules, croyez-vous qu'elle oserait me traiter comme elle me traite? Non, non: ôtez ces mains de votre figure, je ne vous laisserai pas, ce serait trop commode. Vous resteriez là, insensible, plongé en vous-même comme un bouddha, j'aurais les yeux clos, je sentirais qu'elle vous dédie tous les bruits de sa vie, même les froissements de sa robe et qu'elle vous envoie des sourires que vous ne voyez pas … Pas de ça! Je veux choisir mon enfer; je veux vous regarder de tous mes yeux et lutter à visage découvert.

GARCIN: C'est bon. Je suppose qu'il fallait en arriver là; ils nous ont manœuvrés comme des enfants. S'ils m'avaient logé avec des hommes … les hommes savent se taire. Mais il ne faut, pas trop demander. *(Il va vers Estelle et lui passe la main sous le menton.)* Alors, petite, je te plais? Il paraît que tu me faisais de l'œil?

ESTELLE: Ne me touchez pas.

GARCIN: Bah! Mettons-nous à l'aise. J'aimais beaucoup les femmes, sais-tu? Et elles m'aimaient beaucoup. Mets-toi donc à l'aise, nous n'avons plus rien à perdre. De la politesse, pourquoi? Des cérémonies, pourquoi? Entre nous! Tout à l'heure nous serons nus comme des vers.

ESTELLE: Laissez-moi.

GARCIN: Comme des vers! Ah! je vous avais prévenues. Je ne vous demandais rien, rien que la paix et un peu de silence. J'avais mis les doigts dans mes oreilles. Gomez parlait, debout entre les tables, tous les copains du journal écoutaient. En bras de chemise. Je voulais comprendre ce qu'ils disaient, c'était difficile: les événements de la terre passent si vite. Est-ce que vous ne pouviez pas vous taire? A présent, c'est fini, il ne parle plus, ce qu'il pense de moi est rentré dans sa tête. Eh bien, il faudra que nous allions jusqu'au bout. Nus comme des vers: je veux savoir à qui j'ai affaire.

INÈS: Vous le savez. A présent vous le savez.

GARCIN: Tant que chacun de nous n'aura pas avoué pourquoi ils l'ont condamné, nous ne saurons rien. Toi, la blonde,

1 **souillé,e** sali – 9 **dédier qc à qn** (jdm etw. widmen); *ici:* offrir qc à qn – 9 **le froissement** (*hier:* das Rascheln) – 14 **manœuvrer qn** manipuler qn – 17 **le menton** partie du visage qui se trouve au-dessous de la bouche – 17 **faire de l'œil à qn** flirter avec qn – 24 **le ver** (Wurm) – 26 **prévenir qn** mettre qn au courant d'une chose/d'un danger – 37 **tant que** (solange)

commence. Pourquoi? Dis-nous pourquoi: ta franchise peut éviter des catastrophes; quand nous connaîtrons nos monstres … Allons, pourquoi?

Estelle: Je vous dis que j'ignore. Ils n'ont pas voulu me l'apprendre.

Garcin: Je sais. A moi non plus, ils n'ont pas voulu répondre. Mais je me connais. Tu as peur de parler la première? Très bien. Je vais commencer. *(Un silence.)* Je ne suis pas très joli.

Inès: Ça va. On sait que vous avez déserté.

Garcin: Laissez ça. Ne parlez jamais de ça. Je suis ici parce que j'ai torturé ma femme. C'est tout. Pendant cinq ans. Bien entendu, elle souffre encore. La voilà; dès que je parle d'elle, je la vois. C'est Gomez qui m'intéresse et c'est elle que je vois. Où est Gomez? Pendant cinq ans. Dites donc, ils lui ont rendu mes effets; elle est assise près de la fenêtre et elle a pris mon veston sur ses genoux. Le veston aux douze trous. Le sang, on dirait de la rouille. Les bords des trous sont roussis. Ha! C'est une pièce de musée, un veston historique. Et j'ai porté ça! Pleureras-tu? Finiras-tu par pleurer? Je rentrais saoul comme un cochon, je sentais le vin et la femme. Elle m'avait attendu toute la nuit; elle ne pleurait pas. Pas un mot de reproche, naturellement. Ses yeux, seulement. Ses grands yeux. le ne regrette rien. Je paierai, mais je ne regrette rien. Il neige dehors. Mais pleureras-tu? C'est une femme qui a la vocation du martyre.

Inès *(presque doucement)*: Pourquoi l'avez-vous fait souffrir?

Garcin: Parce que c'était facile. Il suffisait d'un mot pour la faire changer de couleur; c'était une sensitive. Ha! pas un reproche! Je suis très taquin. J'attendais, j'attendais toujours. Mais non, pas un pleur, pas un reproche. Je l'avais tirée du ruisseau, comprenez-vous? Elle passe la main sur le veston, sans le regarder. Ses doigts cherchent les trous à l'aveuglette. Qu'attends-tu? Qu'espères-tu? Je te dis que je ne regrette rien. Enfin voilà: elle m'admirait trop. Comprenez-vous ça?

Inès: Non. On ne m'admirait pas.

Garcin: Tant mieux. Tant mieux pour vous. Tout cela doit vous paraître abstrait. Eh bien, voici une anecdote: J'avais

1 **la franchise** la sincérité, l'honnêteté – 4 **ignorer** [iɲɔre] ne pas savoir – 15 **les effets** *m* les affaires personnelles de qn (vêtements et autres objets) – 17 **la rouille** (Rost) – 17 **roussi** *(hier:* angesengt) – 19 **saoul,e/soûl, e** [su, sul] *fam* ivre; qui a bu trop d'alcool – 24 **la vocation de qc** *ici:* la disposition/le goût pour qc – 32 **à l'aveuglette** sans rien voir

installé chez moi une mulâtresse. Quelles nuits! Ma femme couchait au premier, elle devait nous entendre. Elle se levait la première et, comme nous faisions la grasse matinée, elle nous apportait le petit déjeuner au lit.

INÈS: Goujat!

GARCIN: Mais oui, mais oui, le goujat bien-aimé. *(Il paraît distrait.)* Non, rien. C'est Gomez, mais il ne parle pas de moi. Un goujat, disiez-vous? Dame: sinon, qu'est-ce que je ferais ici? Et vous?

INÈS: Eh bien, j'étais ce qu'ils appellent, là-bas, une femme damnée. *Déjà* damnée, n'est-ce pas. Alors, il n'y a pas eu de grosse surprise.

GARCIN: C'est tout?

INÈS: Non, il y a aussi cette affaire avec Florence. Mais c'est une histoire de morts. Trois morts. Lui d'abord, ensuite elle et moi. Il ne reste plus personne là-bas, je suis tranquille; la chambre, simplement. Je vois la chambre, de temps en temps. Vide, avec des volets clos. Ah! ah! Ils ont fini par ôter les scellés. A louer… Elle est à louer. Il y a un écriteau sur la porte. C'est … dérisoire.

GARCIN: Trois. Vous avez bien dit trois?

INÈS: Trois.

GARCIN: Un homme et deux femmes?

INÈS: Oui.

GARCIN: Tiens. *(Un silence.)* Il s'est tué?

INÈS: Lui? Il en était bien incapable. Pourtant ce n'est pas faute d'avoir souffert. Non: c'est un tramway qui l'a écrasé. De la rigolade! J'habitais chez eux, c'était mon cousin.

GARCIN: Florence était blonde?

INÈS: Blonde? *(Regard à Estelle.)* Vous savez, je ne regrette rien, mais ça ne m'amuse pas tant de vous raconter cette histoire.

GARCIN: Allez! allez! Vous avez été dégoûtée de lui?

INÈS: Petit à petit. Un mot, de-ci, de-là. Par exemple, il faisait du bruit en buvant; il soufflait par le nez dans son verre. Des riens. Oh! c'était un pauvre type, vulnérable. Pourquoi souriez-vous?

1 **le mulâtre, la mulâtresse** personne dont l'un des parents est blanc et l'autre noir – 3 **faire la grasse matinée** se lever tard le matin – 5 **le goujat** [guʒa] personne mal élevée – 11 **damné,e** [dane] *ici:* de mauvaise réputation – 18 **le volet** (Fensterladen) – 19 **un écriteau** petite plaque en bois, métal ou papier qui porte une inscription – 20 **dérisoire** ridicule – 26 **faute de** par manque de – 26 **ce n'est pas faute d'avoir souffert** ce n'est pas qu'il n'ait pas souffert – 28 **de la rigolade!** (so ein Witz!) – 28 **rigoler** *fam* plaisanter, rire – 32 **dégoûter qn** inspirer de l'aversion à qn – 35 **vulnérable** qui peut être facilement blessé, qui se défend mal

GARCIN: Parce que moi, je ne suis pas vulnérable.

INÈS: C'est à voir. Je me suis glissée en elle, elle l'a vu par mes yeux … Pour finir, elle m'est restée sur les bras. Nous avons pris une chambre à l'autre bout de la ville.

GARCIN: Alors?

INÈS: Alors il y a eu ce tramway. Je lui disais tous les jours: Eh bien, ma petite! Nous l'avons tué. *(Un silence.)* Je suis méchante.

GARCIN: Oui. Moi aussi.

INÈS: Non, vous, vous n'êtes pas méchant. C'est autre chose.

GARCIN: Quoi?

INÈS: Je vous le dirai plus tard. Moi, je suis méchante: ça veut dire que j'ai besoin de la souffrance des autres pour exister. Une torche. Une torche dans les cœurs. Quand je suis toute seule, je m'éteins. Six mois durant, j'ai flambé dans son cœur; j'ai tout brûlé. Elle s'est levée une nuit; elle a été ouvrir le robinet du gaz sans que je m'en doute, et puis elle s'est recouchée près de moi. Voilà.

GARCIN: Hum!

INÈS: Quoi?

GARCIN: Rien. Ça n'est pas propre.

INÈS: Eh bien, non, ça n'est pas propre. Après?

GARCIN: Oh! vous avez raison. *(À Estelle:)* À toi. Qu'est-ce que tu as fait?

ESTELLE: Je vous ai dit que je n'en savais rien. J'ai beau m'interroger …

GARCIN: Bon. Eh bien, on va t'aider. Ce type au visage fracassé, qui est-ce?

ESTELLE: Quel type?

INÈS: Tu le sais fort bien. Celui dont tu avais peur, quand tu es entrée.

ESTELLE: C'est un ami.

GARCIN: Pourquoi avais-tu peur de lui?

ESTELLE: Vous n'avez pas le droit de m'interroger.

INÈS: Il s'est tué à cause de toi?

ESTELLE: Mais non, vous êtes folle.

GARCIN: Alors, pourquoi te faisait-il peur? Il s'est lâché un coup de fusil dans la figure, hein? C'est ça qui lui a emporté la tête?

3 **elle m'est restée sur les bras** je ne pouvais plus me débarrasser d'elle – 14 **la torche** (Fackel) – 15 **s'éteindre** *ici:* mourir – 27 **fracasser qc** briser/casser qc avec violence – 37 **se lâcher un coup de fusil dans la figure** se tuer avec un fusil, se tirer une balle dans la tête

ESTELLE: Taisez-vous! Taisez-vous!
GARCIN: À cause de toi! À cause de toi!
INÈS: Un coup de fusil à cause de toi!
ESTELLE: Laissez-moi tranquille. Vous me faites peur. Je veux m'en aller! Je veux m'en aller!

Elle se précipite vers la porte et la secoue.

GARCIN: Va-t'en. Moi, je ne demande pas mieux. Seulement la porte est fermée de l'extérieur.

Estelle sonne; le timbre ne retentit pas. Inès et Garcin rient. Estelle se retourne sur eux, adossée à la porte.

ESTELLE *(la voix rauque et lente)*: Vous êtes ignobles.
INÈS: Parfaitement, ignobles. Alors? Donc le type s'est tué à cause de toi. C'était ton amant?
GARCIN: Bien entendu, c'était son amant. Et il a voulu l'avoir pour lui tout seul. Ça n'est pas vrai?
INÈS: Il dansait le tango comme un professionnel, mais il était pauvre, j'imagine. *Un silence.*
GARCIN: On te demande s'il était pauvre.
ESTELLE: Oui, il était pauvre.
GARCIN: Et puis, tu avais ta réputation à garder. Un jour il est venu, il t'a suppliée et tu as rigolé.
INÈS: Hein? Hein? Tu as rigolé? C'est pour cela qu'il s'est tué?
ESTELLE: C'est avec ces yeux-là que tu regardais Florence?
INÈS: Oui.

Un temps. Estelle se met à rire.

ESTELLE: Vous n'y êtes pas du tout. *(Elle se redresse et les regarde, toujours adossée à la porte. D'un ton sec et provocant:)* Il voulait me faire un enfant. Là, êtes-vous contents?
GARCIN: Et toi, tu ne voulais pas.
ESTELLE: Non. L'enfant est venu tout de même. Je suis allée passer cinq mois en Suisse. Personne n'a rien su. C'était une fille. Roger était près de moi quand elle est née. Ça l'amusait d'avoir une fille. Pas moi.
GARCIN: Après?

6 **se précipiter vers qn/qc** se jeter/s'élancer vers qn/qc – 6 **secouer qc** agiter qc brusquement et plusieurs fois – 9 **le timbre** la sonnette – 9 **retentir** produire un son – 10 **s'adosser à qc** s'appuyer en mettant le dos contre qc – 11 **rauque** [rok] (heiser) – 12 **ignoble** infâme – 26 **ne pas y être** *fam* ne pas comprendre – 26 **se redresser** *contr:* se pencher

ESTELLE: Il y avait un balcon, au-dessus d'un lac. J'ai apporté une grosse pierre. Il criait: «Estelle, je t'en prie, je t'en supplie.» je le détestais. Il a tout vu. Il s'est penché sur le balcon et il a vu des ronds sur le lac.

GARCIN: Après?

ESTELLE: C'est tout. Je suis revenue à Paris. Lui, il a fait ce qu'il a voulu.

GARCIN: Il s'est fait sauter la tête?

ESTELLE: Bien oui. Ça n'en valait pas la peine; mon mari ne s'est jamais douté de rien. *(Un temps.)* Je vous hais.

Elle a une crise de sanglots secs.

GARCIN: Inutile. Ici les larmes ne coulent pas.

ESTELLE: Je suis lâche! Je suis lâche! *(Un temps.)* Si vous saviez comme je vous hais!

INÈS *(la prenant dans ses bras)*: Mon pauvre petit! *(À Garcin:)* L'enquête est finie. Pas la peine de garder cette gueule de bourreau.

GARCIN: De bourreau *(Il regarde autour de lui.)* Je donnerais n'importe quoi pour me voir dans une glace. *(Un temps.)* Qu'il fait chaud! *(Il ôte machinalement son veston.)* Oh! pardon.

Il va pour le remettre.

ESTELLE: Vous pouvez rester en bras de chemise. A présent …

GARCIN: Oui. *(Il jette son veston sur le canapé.)* Il ne faut pas m'en vouloir, Estelle.

ESTELLE: Je ne vous en veux pas.

INÈS: Et à moi? Tu m'en veux, à moi?

ESTELLE: Oui.

Un silence.

INÈS: Eh bien, Garcin? Nous voici nus comme des vers; y voyez-vous plus clair?

GARCIN: Je ne sais pas. Peut-être un peu plus clair. *(Timidement:)* Est-ce que nous ne pourrions pas essayer de nous aider les uns les autres?

INÈS: Je n'ai pas besoin d'aide.

4 **des ronds** *m* des cercles; *ici:* des ondes circulaires et concentriques – 10 **haïr** détester; *contr:* aimer, adorer – 16 **la gueule** la bouche des animaux; *ici:* le visage – 24 **en vouloir à qn** (jdm böse sein)

GARCIN: Inès, ils ont embrouillé tous les fils. Si vous faites le moindre geste, si vous levez la main pour vous éventer, Estelle et moi nous sentons la secousse. Aucun de nous ne peut se sauver seul; il faut que nous nous perdions ensemble ou que nous nous tirions d'affaire ensemble. Choisissez. *(Un temps.)* Qu'est-ce qu'il y a?

INÈS: Ils l'ont louée. Les fenêtres sont grandes ouvertes, un homme est assis sur mon lit. Ils l'ont louée! ils l'ont louée! Entrez, entrez, ne vous gênez pas. C'est une femme. Elle va vers lui et lui met les mains sur les épaules … Qu'est-ce qu'ils attendent pour allumer, on n'y voit plus; est-ce qu'ils vont s'embrasser? Cette chambre est à moi! Elle est à moi! Et pourquoi n'allument-ils pas? Je ne peux plus les voir. Qu'est-ce qu'ils chuchotent? Est-ce qu'il va la caresser sur *mon* lit? Elle lui dit qu'il est midi et qu'il fait grand soleil. Alors, c'est que je deviens aveugle. *(Un temps.)* Fini. Plus rien: je ne vois plus, je n'entends plus. Eh bien, je suppose que j'en ai fini avec la terre. Plus d'alibi. *(Elle frissonne.)* Je me sens vide. À présent, je suis tout à fait morte. Tout entière ici. *(Un temps.)* Vous disiez? Vous parliez de m'aider, je crois?

GARCIN: Oui.

INÈS: À quoi?

GARCIN: À déjouer leurs ruses.

INÈS: Et moi, en échange?

GARCIN: Vous m'aiderez. Il faudrait peu de chose, Inès: tout juste un peu de bonne volonté.

INÈS: De la bonne volonté … Où voulez-vous que j'en prenne? Je suis pourrie.

GARCIN: Et moi? *(Un temps.)* Tout de même, si nous essayions?

INÈS: Je suis sèche. Je ne peux ni recevoir ni donner; comment voulez-vous que je vous aide? Une branche morte, le feu va s'y mettre. *(Un temps; elle regarde Estelle qui a la tête dans ses mains.)* Florence était blonde.

GARCIN: Est-ce que vous savez que cette petite sera votre bourreau?

INÈS: Peut-être bien que je m'en doute.

1 **embrouiller qc** mettre qc en désordre, emmêler qc – 1 **le fil** [fil] (Faden, Draht) – 2 **s'éventer** se rafraîchir en agitant l'air autour de son visage p. ex., avec un journal ou avec la main – 3 **la secousse** le choc – 5 **se tirer d'affaire** sortir d'une difficulté, se sauver – 14 **chuchoter** parler à voix très basse, murmurer – 14 **caresser qn/qc** toucher qn/qc tendrement de la main – 16 **devenir aveugle** ne plus rien voir, perdre la vue – 18 **frissonner** trembler (légèrement) – 23 **déjouer un plan** faire échouer un plan – 23 **la ruse** (List) – 28 **pourrir** se décomposer lentement, se gâter – 28 **pourri,e** (verdorben)

GARCIN: C'est par elle qu'ils vous auront. En ce qui me concerne, je … je … je ne lui prête aucune attention. Si de votre côté …

INÈS: Quoi?

GARCIN: C'est un piège. Ils vous guettent pour savoir si vous vous y laisserez prendre.

INÈS: Je sais. Et vous, vous êtes un piège. Croyez-vous qu'ils n'ont pas prévu vos paroles? Et qu'il ne s'y cache pas des trappes que nous ne pouvons pas voir? Tout est piège. Mais qu'est-ce que cela me fait? Moi aussi, je suis un piège. Un piège pour elle. C'est peut-être moi qui l'attraperai.

GARCIN: Vous n'attraperez rien du tout. Nous nous courrons après comme des chevaux de bois, sans jamais nous rejoindre: vous pouvez croire qu'ils ont tout arrangé. Laissez tomber, Inès. Ouvrez les mains, lâchez prise. Sinon vous ferez notre malheur à tous trois.

INÈS: Est-ce que j'ai une tête à lâcher prise? je sais ce qui m'attend. Je vais brûler, je brûle et je sais qu'il n'y aura pas de fin; je sais tout: croyez-vous que je lâcherai prise? Je l'aurai, elle vous verra par mes yeux, comme Florence voyait l'autre. Qu'est-ce que vous venez me parler de votre malheur: je vous dis que je sais tout et je ne peux même pas avoir pitié de moi. Un piège, ha! un piège. Naturellement je suis prise au piège. Et puis après? Tant mieux, s'ils sont contents.

GARCIN *(la prenant par l'épaule)*: Moi, je peux avoir pitié de vous. Regardez-moi: nous sommes nus. Nus jusqu'aux os et je vous connais jusqu'au cœur. C'est un lien: croyez-vous que je voudrais vous faire du mal? Je ne regrette rien, je ne me plains pas; moi aussi, je suis sec. Mais de vous, je peux avoir pitié.

INÈS *(qui s'est laissé faire pendant qu'il parlait, se secoue)*: Ne me touchez pas. Je déteste qu'on me touche. Et gardez votre pitié. Allons! Garcin, il y a aussi beaucoup de pièges pour vous, dans cette chambre. Pour vous. Préparés pour vous. Vous feriez mieux de vous occuper de vos affaires. *(Un temps.)* Si vous nous laissez tout à fait tranquilles, la petite et moi, je ferai en sorte de ne pas vous nuire.

GARCIN *(la regarde un moment, puis hausse les épaules)*: C'est bon.

ESTELLE *(relevant la tête)*: Au secours, Garcin.

4 **le piège** dispositif pour attraper des animaux; manœuvre pour mettre qn à l'épreuve – 4 **guetter qn** observer qn attentivement – 8 **la trappe** (Falltüre); *ici:* le piège – 13 **laisser tomber qc** *fam* abandonner qc, (un projet/une attitude) – 18 **lâcher prise** (von jdm ablassen) – 25 **un os** [ɔs], **des os** [o] (Knochen) – 26 **un lien** ce qui relie/unit

Garcin: Que me voulez-vous?

Estelle *(se levant et s'approchant de lui)*: Moi, vous pouvez m'aider.

Garcin: Adressez-vous à elle.

Inès s'est rapprochée, elle se place tout contre Estelle, par-derrière, sans la toucher. Pendant les répliques suivantes, elle lui parlera presque à l'oreille. Mais Estelle, tournée vers Garcin, qui la regarde sans parler, répond uniquement à celui-ci comme si c'était lui qui l'interrogeait.

Estelle: Je vous en prie, vous avez promis, Garcin, vous avez promis! Vite, vite, je ne veux pas rester seule. Olga l'a emmené au dancing.

Inès: Qui a-t-elle emmené?

Estelle: Pierre. Ils dansent ensemble.

Inès: Qui est Pierre?

Estelle: Un petit niais. Il m'appelait son eau vive. Il m'aimait. Elle l'a emmené au dancing.

Inès: Tu l'aimes?

Estelle: Ils se rasseyent. Elle est à bout de souffle. Pourquoi danse-t-elle? A moins que ce ne soit pour se faire maigrir. Bien sûr que non. Bien sûr que je ne l'aimais pas: il a dix-huit ans et je ne suis pas une ogresse, moi.

Inès: Alors, laisse-les. Qu'est-ce que cela peut te faire?

Estelle: Il était à moi.

Inès: Rien n'est plus à toi sur la terre.

Estelle: Il était à moi.

Inès: Oui, il était … Essaye de le prendre, essaye de le toucher. Olga peut le toucher, elle. N'est-ce pas? N'est-ce pas? Elle peut lui tenir les mains, lui frôler les genoux.

Estelle: Elle pousse contre lui son énorme poitrine, elle lui souffle dans la figure. Petit Poucet, pauvre Petit Poucet, qu'attends-tu pour lui éclater de rire au nez? Ah! il m'aurait suffi d'un regard, elle n'aurait jamais osé … Est-ce que je ne suis vraiment plus rien?

Inès: Plus rien. Et il n'y a plus rien de toi sur la terre: tout ce qui t'appartient est ici. Veux-tu le coupe-papier? Le bronze de

6 **la réplique** réponse vive et brève – 17 **un niais** homme dont la simplicité d'esprit va jusqu'à la bêtise – 17 **vif, vive** plein de vie – 23 **un ogre** [ɔgr] (Kinderfressender Riese) – 30 **frôler qc** toucher qc légèrement en passant – 31 **la poitrine** partie du corps (Brust)

Barbedienne? Le canapé bleu est à toi. Et moi, mon petit, moi je suis à toi pour toujours.

Estelle: Ha? À moi? Eh bien, lequel de vous deux oserait m'appeler son eau vive? On ne vous trompe pas, vous autres, vous savez que je suis une ordure. Pense à moi, Pierre, ne pense qu'à moi, défends-moi; tant que tu penses: mon eau vive, ma chère eau vive, je ne suis ici qu'à moitié, je ne suis qu'à moitié coupable, je suis eau vive là-bas, près de toi. Elle est rouge comme une tomate. Voyons, c'est impossible: nous avons cent fois ri d'elle ensemble. Qu'est-ce que c'est que cet air-là? Je l'aimais tant. Ah! c'est *Saint Louis Blues.* Eh bien, dansez, dansez. Garcin, vous vous amuseriez si vous pouviez la voir. Elle ne saura donc jamais que je la vois. Je te vois, je te vois avec ta coiffure défaite, ton visage chaviré, je vois que tu lui marches sur les pieds. C'est à mourir de rire. Allons! Plus vite! plus vite! Il la tire, il la pousse. C'est indécent. Plus vite! Il me disait: Vous êtes si légère. Allons, allons! *(Elle danse en parlant.)* Je te dis que je te vois. Elle s'en moque, elle danse à travers mon regard. Notre chère Estelle! Quoi, notre chère Estelle? Ah! tais-toi. Tu n'as même pas versé une larme aux obsèques. Elle lui a dit « notre chère Estelle». Elle a le toupet de lui parler de moi. Allons! en mesure. Ce n'est pas elle qui pourrait parler et danser à la fois. Mais qu'est-ce que ... Non! non! ne lui dis pas! je te l'abandonne, emporte-le, garde-le, fais-en ce que tu voudras, mais ne lui dis pas ... *(Elle s'est arrêtée de danser.)* Bon. Eh bien, tu peux le garder à présent. Elle lui a tout dit Garcin: Roger, le voyage en Suisse, l'enfant, elle lui a tout raconté. «Notre chère Estelle n'était pas . . .» Non, non, en effet, je n'étais pas ... Il branle la tête d'un air triste, mais on ne peut pas dire que la nouvelle l'ait bouleversé. Garde-le à présent. Ce ne sont pas ses longs cils ni ses airs de fille que je te disputerai. Ha! il m'appelait son eau vive, son cristal. Eh bien, le cristal est en miettes. «Notre chère Estelle.» Dansez! dansez, voyons! En mesure. Une, deux. *(Elle danse.)* Je donnerais tout au monde pour revenir sur terre un instant, un seul instant, et pour danser. *(Elle danse, un*

5 **une ordure** *ici:* personne sans la moindre valeur morale – 8 **coupable** celui qui a commis une faute grave; *contr:* innocent – 11 **un air** une mélodie – 14 **défait,e** *ici:* en désordre – 14 **chaviré,e** *fam ici:* qui exprime un grand trouble/ une profonde émotion – 21 **les obsèques** *f* l'enterrement, les funérailles – 21 **le toupet** *fam* audace, insolence, manque de respect – 22 **en mesure** selon le rythme – 24 **abandonner qn à qn** laisser qn à qn – 29 **branler la tête** la faire aller de haut en bas – 31 **le cil** [sil] (Wimper) – 32 **disputer qc à qn** ne pas vouloir accorder qc à qn, réclamer qc pour soi – 33 **en miettes** *f* en tout petits morceaux

temps.) Je n'entends plus très bien. Ils ont éteint les lampes comme pour un tango; pourquoi jouent-ils en sourdine? Plus fort! Que c'est loin! Je … Je n'entends plus du tout. *(Elle cesse de danser.)* Jamais plus. La terre m'a quittée. Garcin, regarde-moi, prends-moi dans tes bras.

Inès fait signe à Garcin de s'écarter, derrière le dos d'Estelle.

INÈS *(impérieusement)*: Garcin!

GARCIN *(recule d'un pas et désigne Inès à Estelle)*: Adressez-vous à elle.

ESTELLE *(l'agrippe)*: Ne vous en allez pas! Est-ce que vous êtes un homme? Mais regardez-moi donc, ne détournez pas les yeux: est-ce donc si pénible? J'ai des cheveux d'or, et, après tout, quelqu'un s'est tué pour moi. Je vous supplie, il faut bien que vous regardiez quelque chose. Si ce n'est pas moi, ce sera le bronze, la table ou les canapés. Je suis tout de même plus agréable à voir. Écoute: je suis tombée de leurs cœurs comme un petit oiseau tombe du nid. Ramasse-moi, prends-moi, dans ton cœur, tu verras comme je serai gentille.

GARCIN *(la repoussant avec effort)*: je vous dis de vous adresser à elle.

ESTELLE: A elle? Mais elle ne compte pas: c'est une femme.

INÈS: Je ne compte pas? Mais, petit oiseau, petite alouette, il y a beau temps que tu es à l'abri dans mon cœur. N'aie pas peur, je te regarderai sans répit, sans un battement de paupières. Tu vivras dans mon regard comme une paillette dans un rayon de soleil.

ESTELLE: Un rayon de soleil? Ha! fichez-moi donc la paix. Vous m'avez fait le coup tout à l'heure et vous avez bien vu qu'il a raté.

INÈS: Estelle! Mon eau vive, mon cristal.

ESTELLE: *Votre* cristal? C'est bouffon. Qui pensez-vous tromper? Allons, tout le monde sait que j'ai flanqué l'enfant par la fenêtre. Le cristal est en miettes sur la terre et je m'en moque. Je ne suis plus qu'une peau – et ma peau n'est pas pour vous.

INÈS: Viens! Tu seras ce que tu voudras: eau vive, eau sale, tu te retrouveras au fond de mes yeux telle que tu te désires.

2 **jouer en sourdine** jouer moins fort/ plus discrètement – 6 **s'écarter de qn/qc** s'éloigner de qn/qc; *contr:* s'approcher de qn/qc – 8 **impérieux,-se** autoritaire – 24 **être à l'abri** être en sûreté/hors de danger – 26 **la paillette** (Flitter) – 28 **fichez-moi la paix** *fam* laissez-moi tranquille – 32 **bouffon,-ne** ce qui fait rire par son aspect grotesque – 33 **flanquer qc par la fenêtre** *fam* jeter qc par la fenêtre

ESTELLE: Lâchez-moi! Vous n'avez pas d'yeux! Mais qu'est-ce qu'il faut que je fasse pour que tu me lâches? Tiens!

Elle lui crache à la figure. Inès la lâche brusquement.

INÈS: Garcin! Vous me le paierez!

Un temps, Garcin hausse les épaules et va vers Estelle.

GARCIN: Alors? Tu veux un homme?

ESTELLE: Un homme, non. Toi.

GARCIN: Pas d'histoire. N'importe qui ferait l'affaire. Je me suis trouvé là, c'est moi. Bon. *(Il la prend aux épaules.)* Je n'ai rien pour te plaire, tu sais: je ne suis pas un petit niais et je ne danse pas le tango.

ESTELLE: Je te prendrai comme tu es. Je te changerai peut-être.

GARCIN: J'en doute. Je serai ... distrait. J'ai d'autres affaires en tête.

ESTELLE: Quelles affaires?

GARCIN: Ça ne t'intéresserait pas.

ESTELLE: Je m'assiérai sur ton canapé. J'attendrai que tu t'occupes de moi.

INÈS *(éclatant de rire)*: Ha! chienne! À plat ventre! À plat ventre! Et il n'est même pas beau!

ESTELLE *(à Garcin)*: Ne l'écoute pas. Elle n'a pas d'yeux, elle n'a pas d'oreilles. Elle ne compte pas.

GARCIN: Je te donnerai ce que je pourrai. Ce n'est pas beaucoup. Je ne t'aimerai pas: je te connais trop.

ESTELLE: Est-ce que tu me désires?

GARCIN: Oui.

ESTELLE: C'est tout ce que je veux.

GARCIN: Alors

Il se penche sur elle.

INÈS: Estelle! Garcin! Vous perdez-le sens! Mais je suis là, moi!

GARCIN: Je vois bien, et après?

INÈS: Devant moi? Vous ne ... vous ne pouvez pas!

ESTELLE: Pourquoi? je me déshabillais bien devant ma femme de chambre.

INÈS *(s'agrippant à Garcin)*: Laissez-la! Laissez -la! ne la touchez pas de vos sales mains d'hommes!

GARCIN *(la repoussant violemment)*: Ça va: je ne suis pas un gentilhomme, je n'aurai pas peur de cogner sur une femme.

INÈS: Vous m'aviez promis, Garcin, vous m'aviez promis! Je vous en supplie, vous m'aviez promis!

GARCIN: C'est vous qui avez rompu le pacte.

Inès se dégage et recule au fond de la pièce.

INÈS: Faites ce que vous voudrez, vous êtes les plus forts. Mais rappelez-vous, je suis là et je vous regarde. Je ne vous quitterai pas des yeux, Garcin; il faudra que vous l'embrassiez sous mon regard. Comme je vous hais tous les deux! Aimez-vous, aimez-vous! Nous sommes en enfer et j'aurai mon tour.

Pendant la scène suivante, elle les regardera sans mot dire.

GARCIN *(revient vers Estelle et la prend aux épaules)*: Donne-moi ta bouche.

Un temps. Il se penche sur elle et brusquement se redresse.

ESTELLE *(avec un geste de dépit)*: Ha! *(Un temps.)* Je t'ai dit de ne pas faire … attention à elle.

GARCIN: Il s'agit bien d'elle. *(Un temps.)* Gomez est au journal. Ils ont fermé les fenêtres; c'est donc l'hiver. Six mois. Il y a six mois qu'ils m'ont … Je t'ai prévenue qu'il m'arriverait d'être distrait? Ils grelottent; ils ont gardé leurs vestons … C'est drôle qu'ils aient si froid, là-bas: et moi j'ai si chaud. Cette fois-ci, c'est de moi qu'il parle.

ESTELLE: Ça va durer longtemps. *(Un temps.)* Dis-moi au moins ce qu'il raconte.

GARCIN: Rien. Il ne raconte rien. C'est un salaud, voilà tout. *(Il prête l'oreille.)* Un beau salaud. Bah! *(Il se rapproche d'Estelle.)* Revenons à nous! M'aimeras-tu?

ESTELLE *(souriant)*: Qui sait?

GARCIN: Auras-tu confiance en moi?

ESTELLE: Quelle drôle de question: tu seras constamment sous mes yeux et ce n'est pas avec Inès que tu me tromperas.

GARCIN: Évidemment. *(Un temps. Il lâche les épaules d'Estelle.)* Je parlais d'une autre confiance. *(Il écoute.)* Va! va! dis ce que

2 **le gentilhomme** [-tijɔm] vieilli: le noble; *ici:* qui a de bonnes manières – 2 **cogner sur qn** *fam* frapper qn brutalement – 11 **j'aurai mon tour** *ici:* je me vengerai, ce sera mon tour – 23 **grelotter** trembler de froid ou de peur – 28 **le salaud** *fam* homme infâme / ignoble / méprisable – 29 **prêter l'oreille à qn** écouter qn attentivement

tu veux: je ne suis pas là pour me défendre. *(À Estelle:)* Estelle, il *faut* me donner, ta confiance.

ESTELLE: Que d'embarras! Mais tu as ma bouche, mes bras, mon corps entier, et tout pourrait être si simple ... Ma confiance? Mais je n'ai pas de confiance à donner moi; tu me gênes horriblement. Ah! il faut que tu aies fait un bien mauvais coup pour me réclamer ainsi ma confiance.

GARCIN: Ils m'ont fusillé.

ESTELLE: Je sais: tu avais refusé de partir. Et puis?

GARCIN: Je ... je n'avais pas tout à fait refusé. *(Aux invisibles:)* Il parle bien, il blâme comme il faut, mais il ne dit pas ce qu'il faut faire. Allais-je entrer chez le général et lui dire: « Mon général, je ne pars pas? » Quelle sottise! Ils m'auraient coffré. Je voulais témoigner, moi, témoigner! Je ne voulais pas qu'ils étouffent ma voix. *(A Estelle:)* Je... J'ai pris le train. Ils m'ont pincé à la frontière.

ESTELLE: Où voulais-tu aller?

GARCIN: A Mexico. Je comptais y ouvrir un journal pacifiste. *(Un silence.)* Eh bien, dis quelque chose.

ESTELLE: Que veux-tu que je te dise? Tu as bien fait puisque tu ne voulais pas te battre. *(Geste agacé de Garcin.)* Ah! mon chéri, je ne peux pas deviner ce qu'il faut te répondre.

INÈS: Mon trésor, il faut lui dire qu'il s'est enfui comme un lion. Car il s'est enfui, ton gros chéri. C'est ce qui le taquine.

GARCIN: Enfui, parti: appelez-le comme vous voudrez.

ESTELLE: Il fallait bien que tu t'enfuies. Si tu étais resté, ils t'auraient mis la main au collet.

GARCIN: Bien sûr. *(Un temps.)* Estelle, est-ce que je suis un lâche?

ESTELLE: Mais je n'en sais rien, mon amour, je ne suis pas dans ta peau. C'est à toi de décider.

GARCIN *(avec un geste las)*: je ne décide pas.

ESTELLE: Enfin tu dois bien te rappeler; tu devais avoir des raisons pour agir comme tu l'as fait.

GARCIN: Oui.

ESTELLE: Eh bien?

GARCIN: Est-ce que ce sont les vraies raisons?

ESTELLE *(dépitée)*: Comme tu es compliqué.

3 **que d'embarras!** *ici:* que d'histoires! – 6 **horriblement** terriblement – 11 **blâmer qn** critiquer qn – 13 **coffrer qn** *fam* arrêter/emprisonner qn – 14 **témoigner** dire ce que l'on a vu ou entendu, surtout devant un tribunal – 16 **pincer qn** *fam* arrêter/prendre qn – 27 **mettre la main au collet de qn** arrêter qn – 38 **être dépitée** être de mauvaise humeur à la suite d'une déception

GARCIN: Je voulais témoigner, je … j'avais longuement réfléchi … Est-ce que ce sont les vraies raisons?

INÈS: Ah! voilà la question. Est-ce que ce sont les vraies raisons? Tu raisonnais, tu ne voulais pas t'engager à la légère. Mais la peur, la haine et toutes les saletés qu'on cache, ce sont aussi des raisons. Allons, cherche, interroge-toi.

GARCIN: Tais-toi! Crois-tu que j'aie attendu tes conseils? je marchais dans ma cellule, la nuit, le jour. De la fenêtre à la porte, de la porte à la fenêtre. Je me suis épié. Je me suis suivi à la trace. Il me semble que j'ai passé une vie entière à m'interroger, et puis quoi, l'acte était là. Je … J'ai pris le train, voilà ce qui est sûr. Mais pourquoi? Pourquoi? À la fin j'ai pensé: c'est ma mort qui décidera; si je meurs proprement, j'aurai prouvé que je ne suis pas un lâche …

INÈS: Et comment es-tu mort, Garcin?

GARCIN: Mal. *(Inès éclate de rire.)* Oh! c'était une simple défaillance corporelle. Je n'en ai pas honte. Seulement tout est resté en suspens pour toujours. *(A Estelle:)* Viens là, toi. Regarde-moi. J'ai besoin que quelqu'un me regarde pendant qu'ils parlent de moi sur terre. J'aime les yeux verts.

INÈS: Les yeux verts? Voyez-vous ça! Et toi, Estelle? aimes-tu les lâches?

ESTELLE: Si tu savais comme ça m'est égal. Lâche ou non, pourvu qu'il embrasse bien.

GARCIN: Ils dodelinent de la tête en tirant sur leurs cigares; ils s'ennuient. Ils pensent: Garcin est un lâche. Mollement, faiblement. Histoire de penser tout de même à quelque chose. Garcin est un lâche. Voilà ce qu'ils ont décidé, eux, mes copains. Dans six mois, ils diront: lâche comme Garcin. Vous avez de la chance vous deux; personne ne pense plus à vous sur la terre. Moi, j'ai la vie plus dure.

INÈS: Et votre femme, Garcin?

GARCIN: Eh bien, quoi, ma femme. Elle est morte.

INÈS: Morte?

GARCIN: J'ai dû oublier de vous le dire. Elle est morte tout à l'heure. Il y a deux mois environ.

INÈS: De chagrin?

4 **raisonner** réfléchir, chercher des arguments – 9 **épier qn** observer qn attentivement et souvent secrètement, guetter qn – 17 **la défaillance** (Ohnmacht, Schwächeanfall, Versagen) – 18 **en suspens** [syspɑ̃] inachevé, sans solution – 25 **dodeliner de la tête** balancer doucement la tête – 26 **mou, (mol), molle** *contr:* ferme, dur – 26 **mollement** *contr:* fermement

GARCIN: Naturellement, de chagrin. De quoi voulez-vous qu'elle soit morte? Allons, tout va bien: la guerre est finie, ma femme est morte et je suis entré dans l'histoire.

Il a un sanglot sec et se passe la main sur la figure. Estelle s'accroche à lui.

ESTELLE: Mon chéri, mon chéri! Regarde-moi, mon chéri! Touche-moi, touche-moi. *(Elle lui prend la main et la met sur sa gorge.)* Mets ta main sur ma gorge. *(Garcin fait un mouvement pour se dégager.)* Laisse ta main; laisse-la, ne bouge pas. Ils vont mourir un à un: qu'importe ce qu'ils pensent. Oublie-les. Il n'y a plus que moi.

GARCIN *(dégageant sa main)*: Ils ne m'oublient pas, eux. Ils mourront, mais d'autres viendront, qui prendront la consigne: je leur ai laissé ma vie entre les mains.

ESTELLE: Ah! tu penses trop!

GARCIN: Que faire d'autre? Autrefois, j'agissais … Ah! revenir un seul jour au milieu d'eux… quel démenti! Mais je suis hors jeu; ils font le bilan sans s'occuper de moi et ils ont raison puisque je suis mort. Fait comme un rat. *(Il rit.)* Je suis tombé dans le domaine public.

Un silence.

ESTELLE *(doucement)*: Garcin …

GARCIN: Tu es là? Eh bien, écoute, tu vas me rendre un service. Non, ne recule pas. Je sais: cela te semble drôle qu'on puisse te demander du secours, tu n'as pas l'habitude. Mais si tu voulais, si tu faisais un effort, nous pourrions peut-être nous aimer pour de bon? Vois; ils sont mille à répéter que je suis un lâche. Mais qu'est-ce que c'est, mille? S'il y avait une âme, une seule, pour affirmer de toutes ses forces que je n'ai pas fui, que je ne *peux pas avoir* fui, que j'ai du courage, que je suis propre, je… je suis sûr que je serais sauvé! Veux-tu croire en moi? Tu me serais plus chère que moi-même.

ESTELLE *(riant)*: Idiot! cher idiot! Penses-tu que je pourrais aimer un lâche?

GARCIN: Mais tu disais …

5 **s'accrocher à qn/qc** se tenir avec force à qn/qc, se cramponner à qn/qc – 8 **la gorge** *ici:* la poitrine, les seins d'une femme – 9 **dégager qn/qc** libérer qn/qc – 13 **une consigne** un ordre, une instruction – 13 **prendre la consigne** la recevoir et l'appliquer – 19 **être fait comme un rat** *fam* être pris au piège (in der Falle sitzen) – 19 **tomber dans le domaine public** (*Kunstwerk:* frei von Urheberrechten sein); *ici:* n'avoir plus aucun droit – 27 **pour de bon** véritablement, réellement

ESTELLE: Je me moquais de toi. J'aime les hommes, Garcin, les vrais hommes, à la peau rude, aux mains fortes. Tu n'as pas le menton d'un lâche, tu n'as pas la bouche d'un lâche, tu n'as pas la voix d'un lâche. Tes cheveux ne sont pas ceux d'un lâche. Et c'est pour ta bouche, pour ta voix, pour tes cheveux que je t'aime.

GARCIN: C'est vrai? C'est bien vrai?

ESTELLE: Veux-tu que je te le jure?

GARCIN: Alors je les défie tous, ceux de là-bas et ceux d'ici. Estelle, nous sortirons de l'enfer. *(Inès éclate de rire. Il s'interrompt et la regarde.)* Qu'est-ce qu'il y a?

INÈS *(riant)*: Mais elle ne croit pas un mot de ce qu'elle dit; comment peux-tu être si naïf? Estelle, suis-je un lâche?» Si tu savais ce qu'elle s'en moque!

ESTELLE: Inès. *(À Garcin:)* Ne l'écoute pas. Si tu veux ma confiance il faut commencer par me donner la tienne.

INÈS: Mais oui, mais oui! Fais-lui donc confiance. Elle a besoin d'un homme, tu peux le croire, d'un bras d'homme autour de sa taille, d'une odeur d'homme, d'un désir d'homme dans des yeux d'homme. Pour le reste … Ha! elle te dirait que tu es Dieu le Père, si cela pouvait te faire plaisir.

GARCIN: Estelle! Est-ce que c'est vrai? Réponds; est-ce que c'est vrai?

ESTELLE: Que veux-tu que je te dise? Je ne comprends rien à toutes ces histoires. *(Elle tape du pied.)* Que tout cela est donc agaçant! Même si tu étais un lâche, je t'aimerais, là! Cela ne te suffit pas?

Un temps.

GARCIN *(aux deux femmes)*: Vous me dégoûtez!

Il va vers la porte.

ESTELLE: Qu'est-ce que tu fais?

GARCIN: Je m'en vais.

INÈS *(vite)*: Tu n'iras pas loin: la porte est fermée.

GARCIN: Il faudra bien qu'ils l'ouvrent.

Il appuie sur le bouton de sonnette. La sonnette ne fonctionne pas.

ESTELLE: Garcin!

2 **rude** dur (au toucher); *contr:* délicat, fin – 9 **défier qn** refuser de se soumettre à qn, braver/affronter qn

Inès *(à Estelle)*: Ne t'inquiète pas; la sonnette est détraquée.

Garcin: Je vous dis qu'ils ouvriront. *(Il tambourine contre la porte.)* Je ne peux plus vous supporter, je ne peux plus. *(Estelle court vers lui, il la repousse.)* Va-t'en! Tu me dégoûtes encore plus qu'elle. Je ne veux pas m'enliser dans tes yeux. Tu es moite! tu es molle! Tu es une pieuvre, tu es un marécage. *(Il frappe contre la porte.)* Allez-vous ouvrir?

Estelle: Garcin, je t'en supplie, ne pars pas, je ne te parlerai plus, je te laisserai tout à fait tranquille, mais ne pars pas. Inès a sorti ses griffes, je ne veux plus rester seule avec elle.

Garcin: Débrouille-toi. Je ne t'ai pas demandé de venir.

Estelle: Lâche! Lâche! Oh! c'est bien vrai que tu es lâche.

Inès *(se rapprochant d'Estelle)*: Eh bien, mon alouette, tu n'es pas contente? Tu m'as craché à la figure pour lui plaire et nous nous sommes brouillées à cause de lui. Mais il s'en va, le trouble-fête, il va nous laisser entre femmes.

Estelle: Tu n'y gagneras rien; si cette porte s'ouvre, je m'enfuis.

Inès: Où?

Estelle: N'importe où. Le plus loin de toi possible.

Garcin n'a cessé de tambouriner contre la porte.

Garcin: Ouvrez! Ouvrez donc! J'accepte tout: les brodequins, les tenailles, le plomb fondu, les pincettes, le garrot, tout ce qui brûle, tout ce qui déchire, je veux souffrir pour de bon. Plutôt cent morsures, plutôt le fouet, le vitriol, que cette souffrance de tête, ce fantôme de souffrance, qui frôle, qui caresse et qui ne fait jamais assez mal. *(Il saisit le bouton de la porte et le secoue.)* Ouvrirez-vous? *(La porte s'ouvre brusquement, et il manque de tomber.)* Ha!

1 **détraquée** en panne, qui ne fonctionne pas – 2 **tambouriner** *ici:* donner des coups répétés et violents comme sur un tambour (Trommel) – 5 **s'enliser dans qc** s'enfoncer dans qc; *ici:* se perdre – 6 **moite** chaud et humide (feuchtwarm) – 6 **la pieuvre** (Tintenfisch) – 6 **le marécage** terrain dont le sol est très humide – 10 **la griffe** ongle pointu et crochu de certains animaux, p. ex., du chat – 11 **se débrouiller** *fam* s'arranger, se tirer d'affaire – 14 **cracher** (spucken) – 15 **se brouiller avec qn** ne plus s'entendre/se fâcher avec qn – 16 **un trouble-fête** personne qui ne laisse pas les autres s'amuser – 22 **un brodequin** (schwerer Stiefel) – 23 **les tenailles** *f* (Zange) – 23 **le plomb** [plõ] (Blei) – 23 **fondu,e** devenu liquide par l'action de la chaleur – 23 **les pincettes** *f* (Ofenzange, Feuerzange) – 23 **le garrot** instrument de torture (Garrotte) – 25 **la morsure** blessure faite avec les dents – 25 **le fouet** corde attachée à un bâton avec laquelle on frappe les animaux pour les faire marcher plus vite

Un long silence.

INÈS: Eh bien, Garcin? Allez-vous-en.

GARCIN *(lentement)*: Je me demande pourquoi cette porte s'est ouverte.

INÈS: Qu'est-ce que vous attendez? Allez, allez vite!

GARCIN: Je ne m'en irai pas.

INÈS: Et toi, Estelle? *(Estelle ne bouge pas; Inès éclate de rire.)* Alors? Lequel? Lequel des trois? La voie est libre, qui nous retient? Ha! c'est à mourir de rire! Nous sommes inséparables.

Estelle bondit sur elle par-derrière.

ESTELLE: Inséparables? Garcin! Aide-moi. Aide-moi vite. Nous la traînerons dehors et nous fermerons la porte sur elle; elle va voir.

INÈS *(se débattant)*: Estelle! Estelle! Je t'en supplie, garde-moi. Pas dans le couloir, ne me jette pas dans le couloir!

GARCIN: Lâche-la.

ESTELLE: Tu es fou, elle te hait.

GARCIN: C'est à cause d'elle que je suis resté.

Estelle lâche Inès et regarde Garcin avec stupeur.

INÈS: À cause de moi? *(Un temps.)* Bon, eh bien, fermez la porte. Il fait dix fois plus chaud depuis qu'elle est ouverte. *(Garcin va vers la porte et la ferme.)* A cause de moi?

GARCIN: Oui. Tu sais ce que c'est qu'un lâche, toi.

INÈS: Oui, je le sais.

GARCIN: Tu sais ce que c'est que le mal, la honte, la peur. Il y a eu des jours où tu t'es vue jusqu'au cœur – et ça te cassait bras et jambes. Et le lendemain, tu ne savais plus que penser, tu n'arrivais plus à déchiffrer la révélation de la veille. Oui, tu connais le prix du mal. Et si tu dis que je suis un lâche, c'est en connaissance de cause, hein?

INÈS: Oui.

GARCIN: C'est toi que je dois convaincre: tu es de ma race. T'imaginais-tu que j'allais partir? Je ne pouvais pas te laisser ici, triomphante, avec toutes ces pensées dans la tête; toutes ces pensées qui me concernent.

8 **la voie** le chemin, le passage – 8 **la voie est libre** nous pouvons partir – 10 **bondir** sauter – 14 **se débattre** lutter pour se défendre; *ici:* essayer de se libérer – 28 **la révélation** tout ce qui arrive brusquement comme une connaissance nouvelle (Erleuchtung) – 28 **la veille** le jour d'avant, le jour précédent – 29 **parler en connaissance de cause** savoir très bien de quoi on parle

INÈS: Tu peux vraiment me convaincre?

GARCIN: Je ne peux plus rien d'autre. Je ne les entends plus, tu sais. C'est sans doute qu'ils en ont fini avec moi. Fini: l'affaire est classée, je ne suis plus rien sur terre, même plus un lâche. Inès, nous voilà seuls: il n'y a plus que vous deux pour penser à moi. Elle ne compte pas. Mais toi, toi qui me hais, si tu me crois, tu me sauves.

INÈS: Ce ne sera pas facile. Regarde-moi: j'ai la tête dure.

GARCIN: J'y mettrai le temps qu'il faudra.

INÈS: Oh! tu as tout le temps, *Tout* le temps.

GARCIN *(la prenant aux épaules)*: Écoute, chacun a son but, n'est-ce pas? Moi, je me foutais de l'argent, de l'amour. le voulais être un homme. Un dur. J'ai tout misé sur le même cheval. Est-ce que c'est possible qu'on soit un lâche quand on a choisi les chemins les plus dangereux? Peut-on juger une vie sur un seul acte?

INÈS: Pourquoi pas? Tu as rêvé trente ans que tu avais du cœur; et tu te passais mille petites faiblesses parce que tout est permis aux héros. Comme c'était commode! Et puis, à l'heure du danger, on t'a mis au pied du mur et … tu as pris le train pour Mexico.

GARCIN: Je n'ai pas rêvé cet héroïsme. Je l'ai choisi. On est ce qu'on veut.

INÈS: Prouve-le. Prouve que ce n'était pas un rêve. Seuls les actes décident de ce qu'on a voulu.

GARCIN: Je suis mort trop tôt. On ne m'a pas laissé le temps de faire mes actes.

INÈS: On meurt toujours trop tôt – ou trop tard. Et cependant la vie est là, terminée: le trait est tiré, il faut faire la somme. Tu n'es rien d'autre que ta vie.

GARCIN: Vipère! Tu as réponse à tout.

INÈS: Allons! allons! Ne perds pas courage. Il doit t'être facile de me persuader. Cherche des arguments, fais un effort. *(Garcin hausse les épaules.)* Eh bien, eh bien? Je t'avais dit que tu étais vulnérable. Ah! comme tu vas payer à présent. Tu es un lâche, Garcin, un lâche parce que je le veux. Je le veux, tu entends, je le veux! Et pourtant, vois comme je suis faible, un souffle; je ne suis rien que le regard qui te voit, que cette pensée incolore qui te pense. *(Il marche sur elle, les mains ouvertes.)* Ha! elles

12 **se foutre de qn/qc** *fam* se moquer de qn/qc – 13 **miser sur un cheval** *aux courses:* mettre de l'argent sur un cheval dans l'espoir qu'il gagnera – 20 **mettre qn au pied du mur** mettre qn dans une situation très difficile en l'obligeant à prendre parti – 29 **le trait** (Zug, Strich; *hier:* Schlussstrich) – 37 **le souffle** (Atem, Hauch)

s'ouvrent, ces grosses mains d'homme. Mais qu'espères-tu? On n'attrape pas les pensées avec les mains. Allons, tu n'as pas le choix: il faut me convaincre. Je te tiens.

ESTELLE: Garcin!

GARCIN: Quoi?

ESTELLE: Venge-toi.

GARCIN: Comment?

ESTELLE: Embrasse-moi, tu l'entendras chanter.

GARCIN: C'est pourtant vrai, Inès. Tu me tiens, mais je te tiens aussi.

Il se penche sur Estelle. Inès pousse un cri.

INÈS: Ha! lâche! lâche! Va! Va te faire consoler par les femmes.

ESTELLE: Chante, Inès, chante!

INÈS: Le beau couple! Si tu voyais sa grosse patte posée à plat sur ton dos, froissant la chair et l'étoffe. Il a les mains moites; il transpire. Il laissera une marque bleue sur ta robe.

ESTELLE: Chante! Chante! Serre-moi plus fort contre toi, Garcin; elle en crèvera.

INÈS: Mais oui, serre-la bien fort, serre-la! Mêlez vos chaleurs. C'est bon l'amour, hein Garcin? C'est tiède et profond comme le sommeil, mais je t'empêcherai de dormir.

Geste de Garcin.

ESTELLE: Ne l'écoute pas. Prends ma bouche; je suis à toi tout entière.

INÈS: Eh bien, qu'attends-tu? Fais ce qu'on te dit, Garcin le lâche tient dans ses bras Estelle l'infanticide. Les paris sont ouverts. Garcin le lâche l'embrassera-t-il? Je vous vois, je vous vois; à moi seule je suis une foule, la foule. Garcin, la foule, l'entends-tu? *(Murmurant:)* Lâche! Lâche! Lâche! Lâche! En vain tu me fuis, je ne te lâcherai pas. Que vas-tu chercher sur ses lèvres? L'oubli? Mais je ne t'oublierai pas, moi. C'est moi qu'il faut convaincre. Moi. Viens, viens! le t'attends. Tu vois, Estelle, il desserre son étreinte, il est docile comme un chien ... Tu ne l'auras pas!

6 **se venger de qn/qc** prendre sa revanche – 14 **la patte** *fam* (‹Pfote›) *ici:* la main – 15 **froisser qc** (etw. zerknittern) – 15 **la chair** (Fleisch) – 18 **crever** *fam* mourir (‹krepieren›) – 20 **tiède** ni froid ni très chaud – 26 **un,e infanticide** personne qui tue un enfant – 26 **le pari** (Wette) – 26 **les paris sont ouverts** la fin de l'histoire est incertaine – 33 **desserrer qc** [desɛre] (lockern); *contr:* serrer – 33 **il desserre son étreinte** il la tient moins fort dans ses bras – 33 **un chien docile** un chien bien dressé/obéissant

GARCIN: Il ne fera donc jamais nuit?
INÈS: Jamais.
GARCIN: Tu me verras toujours?
INÈS: Toujours.

Garcin abandonne Estelle et fait quelques pas dans la pièce. Il s'approche du bronze.

GARCIN: Le bronze *(Il le caresse.)* Eh bien, voici le moment. Le bronze est là, je le contemple et je comprends que je suis en enfer. Je vous dis que tout était prévu. Ils avaient prévu que je me tiendrais devant cette cheminée, pressant ma main sur ce bronze, avec tous ces regards sur moi. Tous ces regards qui me mangent … *(Il se retourne brusquement.)* Ha! vous n'êtes que deux? Je vous croyais beaucoup plus nombreuses. *(Il rit.)* Alors, c'est ça l'enfer. Je n'aurais jamais cru … Vous vous rappelez: le soufre, le bûcher, le gril … Ah! quelle plaisanterie. Pas besoin de gril: l'enfer, c'est les Autres.
ESTELLE: Mon amour!
GARCIN *(la repoussant)*: Laisse-moi. Elle est entre nous. Je ne peux pas t'aimer quand elle me voit.
ESTELLE: Ha! Eh bien, elle ne nous verra plus.

Elle prend le coupe-papier sur la table, se précipite sur Inès et lui porte plusieurs coups.

INÈS *(se débattant et riant)*: Qu'est-ce que tu fais, qu'est-ce que tu fais, tu es folle? Tu sais bien que je suis morte.
ESTELLE: Morte?

Elle laisse tomber le couteau. Un temps. Inès ramasse le couteau et s'en frappe avec rage.

INÈS: Morte! Morte! Morte! Ni le couteau, ni le poison, ni la corde. C'est *déjà* fait, comprends-tu? Et nous sommes ensemble pour toujours.

Elle rit.

ESTELLE *(éclatant de rire)*: Pour toujours, mon Dieu que c'est drôle! Pour toujours!
GARCIN *(rit en les regardant toutes deux)*: Pour toujours!

8 **contempler qn/qc** regarder qn/qc attentivement – 15 **le soufre** (Schwefel) – 15 **le bûcher** *ici:* un tas de bois sur lequel on brûlait les personnes condamnées à mort – 26 **ramasser qc** prendre ce qui est tombé/ce qui traîne par terre

Ils tombent assis, chacun sur son canapé. Un long silence. Ils cessent de rire et se regardent. Garcin se lève.

GARCIN: Eh bien, continuons.

Rideau.

Comprendre et analyser

Le lieu de l'action et les personnages

Scène 1

1. Relevez dans le texte les éléments qui caractérisent le lieu de l'action.
2. A votre avis, où ce salon se trouve-t-il? Justifiez votre réponse.

Scènes 1 et 2

1. Relevez dans la scène 1 ce qui surprend Garcin dans ce salon.
2. Essayez d'expliquer son comportement dans la scène 2. (Tenez compte du titre de la pièce.)

Scène 3

1. Inès vient d'arriver. Décrivez ses réactions.
2. Comparez les réactions d'Inès à celles de Garcin dans les scènes précédentes.
3. Pourquoi Inès se sent-elle gênée par la présence de Garcin?
4. Comment Garcin veut-il régler leur vie commune?

Scène 4

Caractérisez Estelle d'après son comportement.

Scène 5

1. Comment les trois personnages sont-ils morts?

Pages 16-18

2. En voyant arriver Estelle, Inès lui dit: «Vous êtes très belle. Je voudrais avoir des fleurs pour vous souhaiter la bienvenue» (p. 16, 1. 1-2. Que déduisez-vous de ces paroles? Y a-t-il dans le texte d'autres paroles d'Inès qui vous renforcent dans votre opinion?

L'enfer

Pages 18, l. 15-22, l. 14

1. a) Garcin, Estelle et Inès se demandent pourquoi on les a mis ensemble. Relevez dans le texte les mots clés qui mettent en lumière leurs hypothèses.
   b) Qui est-ce qui comprend le mieux la situation dans laquelle ils se trouvent?
   c) Que propose Garcin pour échapper à cette situation?
2. Comment l'enfer est-il organisé?

La «mauvaise foi»

Pages 16, l. 1-22, l. 14

1. Les trois personnages parlent de leur vie.
   a) Faites la liste des informations biographiques que nous fournissent Garcin et Estelle.
   b) Comment Estelle et Garcin expliquent-ils leur échec dans la vie?
   c) Qu'est-ce qu'Inès reproche à Estelle et à Garcin? Comment les appelle-t-elle?
2. A votre avis, lequel des trois personnages prend les fonctions du bourreau dans ce passage du texte?
   En quoi consistent les tortures qu'il inflige aux deux autres?

Le regard

Pages 23, l. 4-24, l. 30

1. a) Estelle s'inquiète parce qu'elle n'a pas de miroir.
   Dans quelle mesure les miroirs sont-ils importants pour elle?
   b) Inès propose à Estelle d'utiliser ses yeux comme miroir. Qu'est-ce que le regard d'Inès ajoute à la fonction d'une glace?
2. a) De quoi la glace est-elle le symbole, à votre avis?
   b) Pourquoi n'y a-t-il pas de miroir dans ce salon? En quoi le fait de vivre sans glace est-il une torture?
   c) Pourquoi Inès fait-elle croire à Estelle que celle-ci a une plaque rouge au bas de la joue (*p. 25, l. 16*)?

Pages 25, l. 28-28, l. 1

3. Un conflit s'annonce. Quelle solution Garcin propose-t-il pour rendre leur situation supportable?
   Pourquoi cette proposition de Garcin se révèle-t-elle irréalisable?

Les crimes

Pages 28, l. 1-18, 29, l. 5

1. Qu'est-ce qui justifie la présence des trois personnes en enfer? Parlez de leurs crimes, de leurs motifs et de leurs victimes.
2. Comparez leurs aveux à ce qu'ils avaient raconté en arrivant. Comment vous expliquez-vous les versions différentes?

Les visions

Pages
32, l. 29-37, l. 1

1. a) Au début de la pièce, Garcin avait tenté de se sauver en se réfugiant dans l'indifférence et dans un isolement total. En vain. Quelle stratégie développe-t-il maintenant?
b) Les deux femmes ont des visions. Que voit Inès?
Quelle est la vision d'Estelle?
2. a) Qu'est-ce qui rappelle les deux femmes à la réalité de leur situation? Quelle est la fonction de leurs visions?
b) Comment Inès et Estelle éprouvent-elles la rupture définitive avec leur vie sur terre?

Les tentatives pour se mettre d'accord

Pages
37, l. 3-44, l. 20

Chacun des trois personnages essaie de s'allier à l'un des deux autres, tout en excluant le troisième. Mais tous échouent.

1. Quelles sont les raisons de l'échec du couple Inès–Estelle?
2. Pourquoi Garcin parle-t-il toujours de sa désertion?
3. Pourquoi Garcin et Estelle n'arrivent-ils pas à former un couple? Pourquoi tous les deux se font-ils des illusions?

Les relations avec les autres

Pages 43-49

1. a) Garcin ne voit qu'une seule issue. Laquelle?
   b) La porte s'ouvre enfin, mais Garcin reste. Pourquoi se refuse-t-il finalement à quitter le salon?
   c) Comment Estelle veut-elle rompre le cercle vicieux?
2. Dites dans quelle mesure Garcin a besoin d'Inès et expliquez pourquoi Inès le tourmente.
3. Enfin Garcin comprend en quoi consiste la torture de l'enfer.
   a) Par quelle phrase résume-t-il l'enfer tel que Sartre le présente dans cette pièce?
   b) Quel rapport voyez-vous entre cette définition, l'importance du regard et le rôle que joue la «mauvaise foi» dans la vie humaine?
   c) Expliquez le titre «Huis clos» et sa valeur symbolique.

Textes complémentaires

Jean-Paul Sartre par lui-même

1. La situation de l'homme

D'après Sartre, l'homme n'est pas déterminé, il doit se choisir lui-même. Dans «L'Existentialisme est un humanisme», Sartre déclare:

«L'homme n'est rien d'autre que son projet, il n'existe que dans la mesure où il se réalise, il n'est donc rien d'autre que l'ensemble de ses actes, rien d'autre que sa vie.» (p. 55)

- *Quelle notion Sartre oppose-t-il aux philosophies qui donnent de l'homme une image bien définie?*
- *D'où l'homme prend-il les règles de sa vie?*
- *D'après quoi la vie humaine sera-t-elle jugée? (Voir aussi appendice, p. 66-68)*

2. L'individu et les autres

L'homme ne peut se réaliser qu'à condition de se connaître. Or, l'individu ne se voit que de l'intérieur, il ne se voit que subjectivement. Les autres, par contre, ne le voient que de l'extérieur, comme une chose. Pour se trouver confirmé, l'homme a donc besoin des autres.

a)

« [L'homme] découvre [les autres] comme la condition de son existence. Il se rend compte qu'il ne peut rien être sauf si les autres le reconnaissent comme tel. Pour obtenir une vérité quelconque sur moi, il faut que je passe par l'autre. L'autre est indispensable à mon existence, aussi bien d'ailleurs qu'à la connaissance que j'ai de moi. »

(*L'Existentialisme est un humanisme,* Nagel, Paris 1970, p. 66-67).

1 **son projet** *ici:* ce que l'homme a l'intention de devenir et de faire – 6 **comme tel** comme ce qu'il est – 7 **quelconque** quel qu'il/quelle qu'elle soit

• *Dans quelle mesure les autres sont-ils indispensables à l'existence de l'individu?*

b)

«Je suis possédé par autrui; le regard d'autrui façonne mon corps dans sa nudité, le sculpte, le produit comme il *est,* le voit comme je ne le verrai jamais. Autrui détient un secret: le secret de ce que je suis. Il me fait être et, par cela même, me possède, et cette possession n'est rien d'autre que la conscience de me posséder.»

(*L'Être et le Néant,* Gallimard, Paris 1943, p. 431)

• *Qu'est-ce que Sartre veut exprimer en disant qu'autrui «me fait être», qu'il «me possède»? En quoi consiste le secret qu'autrui détient?*

c)

Dans l'extrait suivant, vous trouverez une interprétation de la pensée de Sartre.

«Si l'homme vivait seul, il serait totalement libre puisque seul pensant le monde, celui-ci n'existerait que pour lui. En revanche, en présence des autres, […] le regard que je jette sur le monde est constamment contredit par celui que les autres jettent sur lui. Aussi entre ma pensée et celle d'autrui s'établit […] un conflit, nos visions du monde faisant exister le monde différemment.»

(Marie-Denise Boros, *Un séquestré. L'homme sartrien,* Nizet, Paris 1968)

3. La «mauvaise foi»

Pour se réaliser, l'homme doit s'engager sans cesse en toute sincérité. Mais il essaie constamment de masquer sa conscience et de se fuir: il est de «mauvaise foi».

a)

«Si nous avons défini la situation de l'homme comme un choix libre, sans excuses et sans secours, tout homme qui se réfugie

1 **autrui** *litt* les autres hommes – 1 **façonner** qc donner une forme à qc – 3 **détenir qc** posséder qc, garder qc en sa possession

derrière l'excuse de ses passions, tout homme qui invente un déterminisme est un homme de mauvaise foi.»

(*L'Existentialisme est un humanisme*, p. 80-81).

b)
«Le mensonge est une attitude négative [...] L'essence du mensonge implique [...] que le menteur soit complètement au fait de la vérité qu'il déguise. On ne ment pas sur ce qu'on ignore, on ne ment pas lorsqu'on répand une erreur dont on est soi-même dupe, on ne ment pas lorsqu'on se trompe [...]

Il ne saurait pas en être de même pour la mauvaise foi [...] Certes, pour celui qui pratique la mauvaise foi, il s'agit bien de masquer une vérité déplaisante ou de présenter comme vérité, une erreur plaisante. La mauvaise foi a donc en apparence la structure du mensonge. Seulement, ce qui change tout, c'est que, dans la mauvaise foi, c'est à moi-même que je masque la vérité. Ainsi, la dualité du trompeur et du trompé n'existe pas ici, [...] celui à qui l'on ment et celui qui ment sont une seule et même personne.»

(*L'Être et le Néant*, p. 86-87)

• *Dites brièvement en quoi la «mauvaise foi» implique un double mensonge.*
• *Dans quelle mesure l'homme de «mauvaise» foi mène-t-il une fausse existence? Dites à quoi il se refuse, en tenant compte également de ses relations avec les autres.*

4. La «vie morte»

L'homme est également en danger quand il renonce à s'engager et qu'il se livre totalement au jugement des autres. Il mène alors une vie morte».

«Ainsi [...] apparaît clairement la différence entre la vie et la mort: la vie décide de son propre sens, [...] elle possède par

2 **un déterminisme** *ici:* une doctrine philosophique selon laquelle l'homme n'est pas maître de son destin, ses actions étant déterminées d'avance par les événements extérieurs – 3 **l'essence** *f en phil.:* la nature propre à une chose/à un être (Wesen, Sosein) – 4 **impliquer qc** *ici:* supposer qc (implizieren) – 5 **être au fait de** qc être au courant de qc – 7 **être dupe de** être trompé par, se laisser prendre par (hereingefallen sein auf)

essence un pouvoir d'auto-critique et d'auto-métamorphose qui fait qu'elle se définit comme un «pas-encore» […] La vie morte est *faite.* Cela signifie que, pour elle, les jeux sont faits et qu'elle subira désormais ses changements sans en être aucunement responsable; […] rien ne peut plus lui *arriver* de l'intérieur, elle est entièrement close […]; mais son sens ne cesse point d'être modifié du dehors
Être mort, c'est être en proie aux autres.»

(*L'Être et le Néant,* p. 601)

• *À quoi l'homme qui mène une «vie morte» se refuse-t-il? (Voir aussi texte numéro 2a, p. 55)*

5. La mort

L'homme s'est réalisé au moment où il peut présenter «l'ensemble de ses actes», c'est-à-dire au moment de sa mort.

«Au moment de la mort nous *sommes,* c'est-à-dire nous sommes sans défense devant les jugements d'autrui; on peut décider *en vérité* de ce que nous sommes, nous n'avons plus aucune chance d'échapper au total qu'une intelligence toute connaissante pourrait faire. Et le repentir de la dernière heure est un effort total pour faire craquer tout cet être qui s'est lentement … solidifié *sur nous,* un dernier sursaut pour nous désolidariser de ce que *nous sommes.*»

(*L'Être et le Néant,* p. 159)

• *Interprétez la phrase: «Au moment de la mort nous sommes.» (voir texte n° 1, p. 55).*
• *Quelle relation y a-t-il entre celui qui meurt et les autres (voir texte n° 2b, p. 56)?*

1 **auto** - qui concerne soi-même (Selbst-) – 1 **la métamorphose** changement total – 3 **les jeux sont faits** (die Würfel sind gefallen) – 6 **ne… point** *litt* ne… pas – 7 **modifier qc** changer qc – 7 **du dehors** *ici:* par le jugement des autres – 12 **le total** *ici:* somme des jugements que les autres portent sur un individu – 14 **faire craquer** qc (etw. sprengen/zum Bersten bringen) – 15 **se solidifier** (sich verfestigen, erstarren) – 15 **un sursaut** (Auf-/Hochfahren) – 16 **se désolidariser de** *ici:* refuser

Exploitation

Voici quelques phrases tirées des textes précédents et quelques références de la pièce (objets, comportement des personnages).
a) Comparez le décor aux phrases citées et dites ce que les objets symbolisent.
b) Quels rapports voyez-vous entre le comportement des personnages et les citations?

«L'homme n'existe que dans la mesure où il se réalise.»	le salon (la sonnette, le coupe-papier)	
«L'autre est indispensable à mon existence.»	la porte fermée; l'interrupteur en panne;	
«Autrui … me possède.»	l'absence de miroir	la proposition de Garcin de respecter les règles de la politesse et de s'arranger; Inès qui offre à Estelle de lui servir de miroir;
«La vie morte … est faite, elle est entièrement close;	les canapés le bronze	le comportement du Garçon; la prise de conscience de Garcin en caressant le bronze;
mais son sens ne cesse point d'être modifié du dehors.»		la description qu'Estelle donne de sa chambre;
«Au moment de la mort nous *sommes*.»	la porte qui s'ouvre	le fait que personne n'en profite pour se sauver.

Préface de Jean-Paul Sartre de 1965

La «Préface» dont voici un extrait a été prononcée par Sartre à l'occasion de l'enregistrement de «Huis clos», en 1965.

«L'enfer, c'est les autres» a été toujours mal compris. On a cru que je voulais dire par là que nos rapports avec les autres étaient toujours empoisonnés, que c'étaient toujours des rapports infernaux.

Or, c'est tout autre chose que je veux dire. Je veux dire que si les rapports avec autrui sont tordus, viciés, alors l'autre ne peut être que l'enfer. Pourquoi? Parce que les autres sont au fond ce qu'il y a de plus important en nous-mêmes pour notre propre connaissance de nous-mêmes.

Quand nous pensons sur nous, quand nous essayons de nous connaître, au fond nous usons des connaissances que les autres ont déjà sur nous. Nous nous jugeons avec les moyens que les autres ont, nous ont donnés de nous juger. Quoi que je dise sur moi, toujours le jugement d'autrui entre dedans. Quoi que je sente en moi, le jugement d'autrui entre dedans. Ce qui veut dire que, si mes rapports sont mauvais, je me mets dans la totale dépendance d'autrui. Et alors en effet je suis en enfer. Et il existe une quantité de gens dans le monde qui sont en enfer parce qu'ils dépendent trop du jugement d'autrui. Mais cela ne veut nullement dire qu'on ne puisse avoir d'autres rapports avec les autres. Ça marque simplement l'importance capitale de tous les autres pour chacun de nous,

Deuxième chose que je voudrais dire, c'est que ces gens ne sont pas semblables à nous.

Les trois personnes que vous entendrez dans *Huis clos* ne nous ressemblent pas en ceci que nous sommes vivants et qu'ils sont morts.

Bien entendu, ici, «morts» symbolise quelque chose. Ce que j'ai voulu indiquer, c'est précisément que beaucoup de gens sont encroûtés dans une série d'habitudes, de coutumes, qu'ils ont sur eux des jugements dont ils souffrent mais qu'ils ne cherchent même pas à changer. Et que ces gens-là sont comme

3 **empoisonné** (vergiftet) – 6 **tordu** déformé – 6 **vicié** gâté, impur – 7 **au fond** en réalité – 13 **juger qn** donner son opinion sur qn – 20 **nullement** ne ... pas du tout, en aucune façon – 21 **capital** très grand, fondamental, essentiel – 30 **être encroûté dans qc** être enfermé dans qc (verkrustet, erstarrt)

morts. En ce sens qu'ils ne peuvent briser le cadre de leurs soucis, de leurs préoccupations et de leurs coutumes; et qu'ils restent ainsi victimes souvent des jugements qu'on a portés sur eux.

A partir de là, il est bien évident qu'ils *sont* lâches ou méchants, par exemple. S'ils ont commencé à être lâches, rien ne vient changer le fait qu'ils étaient lâches. C'est pour cela qu'ils sont morts, c'est pour cela, c'est une manière de dire que c'est une mort vivante que d'être entouré par le souci perpétuel de jugements et d'actions que l'on ne veut pas changer. De sorte que, en vérité, comme nous sommes vivants, j'ai voulu montrer par l'absurde l'importance chez nous de la liberté, c'est-à-dire l'importance de changer les actes par d'autres actes.

Quel que soit le cercle d'enfer dans lequel nous vivons, je pense que nous sommes libres de le briser. Et si les gens ne le brisent pas, c'est encore librement qu'ils y restent. De sorte qu'ils se mettent librement en enfer.

Vous voyez donc que, rapports avec les autres, encroûtement et liberté, liberté comme l'autre face à peine suggérée, ce sont les trois thèmes de la pièce. Je voudrais qu'on se le rappelle quand vous entendrez dire: l'enfer, c'est les autres.»

(Jean-Paul Sartre, *Un théâtre de situations*, Gallimard, Paris 1973)

- *Quels sont, selon Sartre, les trois thèmes de la pièce?*
- *Quelle interprétation simpliste Sartre refuse-t-il?*
- *Pourquoi nos rapports avec les autres sont-ils si importants? Dans quelle mesure les autres peuvent-ils être l'enfer?*
- *Que signifie ici «être mort»? Relevez dans le texte les expressions qui caractérisent cette attitude.*
- *Que veut dire «... liberté comme l'autre face à peine suggérée» (l. 19)?*
- *De quelle manière Sartre a-t-il traité le thème de la liberté dans «Huis clos»?*

1 **briser qc** casser qc – 1 **le cadre** ce qui entoure un tableau suspendu au mur; *ici:* ce qui limite l'action de qn – 9 **perpétuel, le** continuel, constant – 12 **par l'absurde** (durch Aufzeigen der Widersinnigkeit des Gegenteils) – 19 **la face** le côté – 19 **suggérer qc** évoquer qc (etw. andeuten/suggerieren)

Jugements et études sur «Huis clos»

Estelle et Garcin sont les lâches par excellence, et toute la mécanique de la pièce tend à percer les excuses qu'ils ont construites pour se protéger:

– D'abord le respect des conventions sociales de politesse et de bienséance doit interdire aux autres de questionner et interroger brutalement. Dès le début de la pièce, Garcin propose aux deux femmes de garder entre eux la plus extrême politesse. [...] Rapidement ce fragile obstacle sera renversé sous leur curiosité mutuelle, et le *tu,* la deuxième personne du singulier, signifiera la mise à 'nu des êtres.

– Garcin et Estelle évoquent chacun à sa façon la nécessité pour expliquer leur vie. Ils tentent de se décharger ainsi de leur responsabilité [...]

– Ils cherchent à aveugler les autres pour mieux s'aveugler. Ils réussissent à renverser à ce point les choses qu'Estelle passerait pour une «petite sainte» et Garcin pour un «héros sans reproche, n'était Inès qui les juge [...]

Huis clos ou comment les hommes se mentent entre eux et comment ils se mentent à eux-mêmes ...

(Bernard Lecherbonnier, *Huis clos,* Collection *Profil d'une œuvre,* Hatier, Paris 1972)

Dans la vie réelle, où nous avons la possibilité d'exercer notre liberté, nous l'abdiquons souvent, parce que nous avons tendance à fuir cette invention continuelle de soi, qui est la caractéristique d'une conscience libre.

Jean-Paul Sartre s'est acharné à débusquer toutes les «conduites de mauvaise foi», tous les mensonges de la comédie sociale, sensibles surtout dans les milieux bourgeois; mensonges du langage; mensonges de la mémoire; excuses inventées pour vivre dans une attitude de confort, mais aussi de lâcheté, où l'on évite soigneusement de se poser des questions.

1 **par excellence** d'une manière très représentative/caractéristique – 2 **percer qc** faire un trou/des trous dans qc; *ici:* détruire – 5 **la bienséance** respect des formes de la vie sociale (Anstand) – 10 **la mise à nu** *ici:* fait de démasquer qn/de montrer sa vraie nature – 14 **aveugler qn** *ici:* donner à qn une fausse image de soi – 17 **n'était** *litt* s'il n'y avait pas – 21 **abdiquer qc** renoncer à qc – 23 **la caractéristique** le signe caractéristique – 24 **s'acharner à faire qc** faire/poursuivre qc avec tenacité (etw. hartnäckig tun/verfolgen) – 24 **débusquer** faire sortir le gibier de son refuge; *ici:* faire connaître

En présentant ainsi constamment une image fausse de soi, l'homme rejette non seulement la vérité, profonde et mobile, mais la responsabilité. Il n'est plus libre: il joue un rôle.

(Paul Surer, *Cinquante ans de théâtre*, SEDES, Paris 1969)

Sartre réunit en enfer trois personnages pour montrer combien chacun a besoin des autres pour se faire illusion sur soi-même. Pourquoi l'enfer, d'ailleurs simplement représenté par une chambre d'hôtel de province, sans fenêtres et sans miroirs, avec seulement trois canapés pour les trois damnés? Parce que, pour exister réellement, il faut à l'homme pouvoir vouloir, pouvoir se projeter dans l'avenir et en modifier la signification. Estelle, Inès et Garcin sont condamnés à une existence fausse, celle dont se contentent malheureusement beaucoup d'hommes dans cette vie.

Garcin, qui est en enfer, est mort, et il craint d'être mort en lâche. Il voudrait que ce ne fût pas vrai, mais le véritable moyen pour que ce ne soit pas vrai, ce serait de faire preuve de courage, ce qui lui est impossible, puisque mort, il ne peut plus rien faire; il use alors de l'échappatoire dont usent beaucoup d'hommes vivants, il essaie de s'assurer qu'il n'est pas un lâche en construisant de lui une image forte dans les yeux d'Estelle, de ne pas paraître un lâche. Par là s'amorce une vision nouvelle de l'éternelle satire qui porte sur «être» et «paraître» …

Ce que nous offrent les autres, et c'est pourquoi nous avons tellement besoin d'eux et de comédie sociale, c'est une image de nous-mêmes qui nous rassure. Mais cette image, au fond, est un mensonge que nous implorons d'autrui, et même que nous lui imposons en posant devant lui et en le trompant sur nous. Mais si autrui refuse ce rôle, alors il devient notre bourreau: «Pas besoin de gril, l'enfer, c'est les autres». Estelle finit par rejeter sur Garcin la responsabilité de soi dont il veut se décharger sur elle:

GARCIN: Estelle, est-ce que je suis un lâche?
ESTELLE: Mais je n'en sais rien, mon amour, je ne suis pas dans ta peau. C'est à toi de décider. (v. p. 40, l. 28-31)

2 **rejeter qc** (etw. ablehnen/zurückweisen) – 18 **une échappatoire** moyen habile pour se tirer d'affaire – 26 **implorer qc de qn** demander qc à qn avec insistance – 29 **rejeter qc sur qn** *ici:* imposer qc a qn – 30 **se décharger de qc** se débarrasser de qc

Cette dernière phrase résume la morale de M. Sartre, en même temps qu'elle ouvre toute sa psychologie, qui est une étude des poses et des comédies que nous faisons devant autrui.

(René-Marill Albérès, *Jean-Paul Sartre,* Editions Universitaires Jean Pierre Delarge)

Les trois personnages principaux de *Huis clos* sont enfermés ensemble, sans raison ni but, dans une pièce unique qui devient le symbole d'une éternité infernale. Inès, Estelle et Garcin deviennent ainsi tour à tour bourreau pour chacun des deux autres; il est vrai que toute réciprocité et toute communication véritables leur sont à jamais refusées. Garcin résume d'ailleurs parfaitement ce *manège* inexorable et sans fin quand il affirme: «Nous nous courrons après comme des chevaux de bois, sans jamais nous rejoindre». (v. p. 34,1. 11-12)

Pourtant, malgré les apparences, aucun pessimisme radical ne peut être tiré de ce drame, si l'on se souvient justement du fait essentiel suivant: ses personnages sont des *morts* qui, loin de représenter des relations authentiques, incarnent un face à face dégénéré et symbolisent, de manière extraordinaire, le type d'existence si souvent vécue par des hommes superficiels et timorés qui ne sont jamais, il est vrai, que des morts-vivants. C'est incontestablement cela que Sartre a voulu montrer et dénoncer.

L'auteur de *Huis clos* ne veut pas dire que nos rapports avec les vivants sont nécessairement empoisonnés, mais que l'homme encroûté dans ses habitudes, victime de ses traditions, opposé à toute mise en question, est un homme qui nie sa liberté et, ce faisant, celle d'autrui, un homme qui se meurt et avec lequel toute relation profonde devient impossible.

On s'est plu […] à répéter, de manière rapide et légère, que, selon Sartre l'autre est l'enfer par excellence. Cette affirmation n'est vraie, en ce qui concerne *Huis clos,* que dans l'exacte mesure où les trois damnés assistent en réalité dans ce drame

3 **une pose** comportement affecté/non naturel – 10 **le manège** *ici:* le jeu (Karussell) – 10 **inexorable** cruel, impitoyable – 13 **radical** fondamental – 16 **incarner qc** représenter qc en soi – 16 **un face à face** (*hier:* Redeschlacht) – 19 **timoré** trop méfiant; qui craint le risque – 21 **dénoncer qc** faire connaître qc – 26 **se mourir** être sur le point de mourir

à leur *chosification* dans l'esprit des vivants; c'est leur mort même qui les livre muets, pieds et poings liés, aux jugements et aux regards des vivants. C'est pour cela que Garcin éprouve l'invincible désir de revenir sur la terre, fût-ce un seul jour, pour démentir les propos tenus à son sujet par des vivants qui le jugent sans qu'il puisse rien dire ni faire pour sa défense; il affirme: «Mais je suis hors jeu; ils font le bilan sans s'occuper de moi, et ils ont raison puisque je suis mort. Fait comme un rat. Je suis tombé dans le domaine public» (v. p. 42, l. 7-20).

Cette chute dans l'enfer, c'est l'engloutissement dans et par la mort, c'est la suppression de toute relation, c'est la transformation de la personne en chose.

(Laurent Gagnebin, *Connaître Sartre*, Resma/Centurion, Paris/ Verviers 1972)

• *Pourquoi l'auteur de ce texte se refuse-t-il à voir dans «Huis clos» une pièce pessimiste?*
• *Quelle interprétation donne-t-il de la célèbre phrase: «L'enfer, c'est les autres»?*
• *Expliquez en quoi consiste la «chosification».*
De quoi l'homme «chosifié» est-il privé? (voir aussi p. 58).
• *Dans quelle mesure y a-t-il un rapport entre la «chosification» de l'homme chez Sartre et le «jugement dernier» des religions chrétiennes?*
D'après ces deux doctrines, qui décide de la réussite ou de l'échec d'une vie humaine?

• *Comparez cette interprétation de «Huis clos» avec celle que Sartre en a donnée lui-même à l'occasion de l'enregistrement de la pièce en 1965 (v. p. 60-61).*
• *Justifiez la phrase suivante en vous référant aux trois personnages principaux de la pièce: «[…] les autres sont au fond ce qu'il y a de plus important en nous mêmes pour notre propre connaissance de nous-mêmes.» (v. p. 60, l. 7-9).*

1 **la chosification** *chez Sartre:* transformation d'un être en chose, c'est-à-dire en qn qui est défini pour toujours et qui ne peut plus changer (V. p. 58) – 4 **invincible** à quoi on ne peut pas résister – 5 **démentir qc** contredire qc – 10 **l'engloutissement** (Versinken, Untergehen, Verschwinden) – 11 **la suppression** fait de supprimer/d'être supprimé

Appendice: La doctrine existentialiste

Existence et essence

[Les existentialistes] estiment que l'existence précède l'essence, ou, si vous voulez, qu'il faut partir de la subjectivité. Que faut-il au juste entendre par là?

Lorsqu'on considère un objet fabriqué, comme par exemple un livre ou un coupe-papier, cet objet a été fabriqué par un artisan qui s'est inspiré d'un concept; il s'est référé au concept de coupe-papier, et également à une technique de production préalable qui fait partie du concept, et qui est au fond une recette. Ainsi, le coupe-papier est à la fois un objet qui se produit d'une certaine manière et qui, d'autre part, a une utilité définie, et on ne peut pas supposer un homme qui produirait un coupe-papier sans savoir à quoi l'objet va servir. Nous dirons donc que, pour le coupe-papier, l'essence – c'est-à-dire l'ensemble des recettes et des qualités qui permettent de le produire – précède l'existence …

La conception chrétienne de l'homme

Lorsque nous concevons un Dieu créateur, ce Dieu est assimilé la plupart du temps à un artisan supérieur; et quelle que soit la doctrine que nous considérons […], nous admettons toujours que la volonté suit plus ou moins l'entendement, ou tout au moins l'accompagne, et que Dieu, lorsqu'il crée, sait précisément ce qu'il crée. Ainsi, le concept d'homme, dans l'esprit de Dieu, est assimilable au concept de coupe-papier dans l'esprit de l'industriel; et Dieu produit l'homme suivant des techniques et une conception, exactement comme l'artisan

1 **précéder qc/qn** *contr.* suivre qc/qn – 1 **l'essence** *f* en phil: la nature propre à une chose/à un être (Wesen, Sosein) – 3 **au juste** exactement – 6 **un concept** [-sɛpt] *chez Sartre:* idée abstraite qu'on se fait d'un objet et de son mode de fabrication – 6 **se référer à qc/qn** (sich beziehen/berufen auf) – 8 **préalable** se dit d'une chose qui doit être faite avant une autre – 9 **une recette** procédé/moyen pour réussir qc – 16 **concevoir qn/qc** imaginer qn/qc, croire à l'existence de qn/qc – 16 **un Dieu créateur** un Dieu qui a créé le monde – 16 **assimiler qn à** *ici:* confondre qn avec, considérer qn comme – 18 **admettre qc** *ici:* ne pas mettre qc en question – 19 **l'entendement** *en phil:* faculté de connaître et de comprendre – 23 **suivant** en se référant à – 24 **une conception** idée précise qu'on a de qc

fabrique un coupe-papier suivant une définition et une technique. Ainsi l'homme individuel réalise un certain concept qui est dans l'entendement divin.

La conception existentialiste de l'homme

L'existentialisme athée, que je représente, [...] déclare que si Dieu n'existe pas, il y a au moins un être chez qui l'existence précède l'essence, un être qui existe avant de pouvoir être défini par aucun concept et que cet être c'est l'homme. [...] Qu'est-ce que signifie ici que l'existence précède l'essence? Cela signifie que l'homme existe d'abord, se rencontre, surgit dans le monde, et qu'il se définit après. L'homme tel que le conçoit l'existentialiste, s'il n'est pas définissable, c'est qu'il n'est d'abord rien. Il ne sera qu'ensuite, et il sera tel qu'il se sera fait. Ainsi, il n'y a pas de nature humaine, puisqu'il n'y a pas de Dieu pour la concevoir. L'homme est seulement tel qu'il se conçoit, mais tel qu'il se veut, et comme il se conçoit après l'existence, comme il se veut après cet élan vers l'existence; l'homme n'est rien d'autre que ce qu'il se fait.

Tel est le premier principe de l'existentialisme. Mais si vraiment l'existence précède l'essence, l'homme est responsable de ce qu'il est. Ainsi, la première démarche de l'existentialisme est de mettre tout homme en possession de ce qu'il est et de faire reposer sur lui la responsabilité totale de son existence.

L'homme est liberté

Si, d'autre part, Dieu n'existe pas, nous ne trouvons pas en face de nous des valeurs ou des ordres qui légitimeront notre conduite. Ainsi, nous n'avons ni derrière nous, ni devant nous, dans le domaine lumineux des valeurs, des justifications ou des excuses. Nous sommes seuls, sans excuses. C'est ce que j'exprimerai en disant que l'homme est condamné à être libre. Condamné, parce qu'il ne s'est pas créé lui-même, et par ailleurs cependant libre, parce qu'une fois jeté dans le monde, il est responsable de tout ce qu'il fait.

3 **divin,e** de Dieu – 4 **athée** qui nie l'existence de Dieu – 9 **surgir** apparaître brusquement – 16 **un élan** (Drang, Anlauf) – 20 **une démarche** *ici:* manière d'agir – 24 **un ordre** *ici:* prescription morale – 24 **légitimer qc** faire admettre qc comme juste – 26 **lumineux, -se** qui est clair en soi – 26 **une justification** explication pour excuser qc – 29 **par ailleurs** d'un autre côté

L'existentialisme est une doctrine optimiste

Si les gens nous reprochent nos œuvres […] dans lesquelles nous décrivons des êtres veules, faibles, lâches et quelquefois même franchement mauvais, ce n'est pas uniquement parce que ces êtres sont veules, faibles, lâches ou mauvais; […] mais l'existentialiste, lorsqu'il décrit un lâche, dit que ce lâche est responsable de sa lâcheté […] Il n'y a pas de tempérament lâche […] car ce qui fait la lâcheté c'est l'acte de renoncer ou de céder, un tempérament ce n'est pas un acte; le lâche est défini à partir de l'acte qu'il a fait. Ce que les gens sentent obscurément et qui leur fait horreur, c'est que le lâche que nous présentons est coupable d'être lâche. Ce que les gens veulent, c'est qu'on naisse lâche ou héros. […]

Ce que dit l'existentialiste, c'est que le lâche se fait lâche, que le héros se fait héros; il y a toujours une possibilité pour le lâche de ne plus être lâche, et pour le, héros de cesser d'être un héros. Ce qui compte, c'est l'engagement total, et ce n'est pas un cas particulier, une action particulière, qui vous engagent totalement.

Ainsi […] vous voyez que l'existentialisme ne peut pas être considéré comme une philosophie du quiétisme, puisqu'il définit l'homme par l'action: ni comme une description pessimiste de l'homme: il n'y a pas de doctrine plus optimiste, puisque le destin de l'homme est en lui-même; ni comme une tentative pour décourager l'homme d'agir puisqu'il lui dit qu'il n'y a d'espoir que dans son action, et que la seule chose qui permet à l'homme de vivre, c'est l'acte. Par conséquent, sur ce plan, nous avons affaire à une morale d'action et d'engagement.

(Jean-Paul Sartre, *L'Existentialisme est un humanisme,* Nagel, Paris 1946)

- *Résumez brièvement la doctrine existentialiste.*
- *L'existentialisme est-il une doctrine optimiste? Donnez votre avis. Justifiez votre réponse.*

2 **veule** [vøl] qui manque totalement d'énergie/de volonté – 3 **franchement** *ici:* nettement, vraiment – 8 **céder à qn/qc** cesser de s'opposer à qn/qc, se laisser aller – 8 **le tempérament** *ici:* nature d'une personne – 8 **à partir de** *ici:* en partant de, d'après, selon – 10 **faire horreur à qn** (*hier:* jdm widerstreben) – 20 **le quiétisme** doctrine mystique qui fait consister la perfection de l'homme dans l'union avec Dieu et dans l'inaction de l'âme (quiétude) – 23 **le destin** (Schicksal) – 27 **sur ce plan** dans ce domaine, sous cet aspect